◎ 2020 年度山东省人文社会科学课题（2020-ZXGJ-27）

国家治理现代化理论融入高校思政教学研究

徐健　潘峰　著

山东大学出版社
SHANDONG UNIVERSITY PRESS
·济南·

图书在版编目（CIP）数据

国家治理现代化理论融入高校思政教学研究/徐健，潘峰著. --济南：山东大学出版社，2024.8
ISBN 978-7-5607-8103-7

Ⅰ.①国...　Ⅱ.①徐...　②潘...　Ⅲ.①高等学校-思想政治教育-教学研究-中国　Ⅳ.①G641

中国国家版本馆 CIP 数据核字（2024）第 061719 号

责任编辑　刘森文
封面设计　蓝海文化

国家治理现代化理论融入高校思政教学研究
GUOJIA ZHILI XIANDAIHUA LILUN RONGRU GAOXIAO SIZHENG JIAOXUE YANJIU

出版发行　山东大学出版社
社　　址　山东省济南市山大南路 20 号
邮政编码　250100
发行热线　（0531）88363008
经　　销　新华书店
印　　刷　济南新科印务有限公司
规　　格　880 毫米×1230 毫米　1/32
　　　　　5.625 印张　144 千字
版　　次　2024 年 8 月第 1 版
印　　次　2024 年 8 月第 1 次印刷
定　　价　28.00 元

新时代坚定青年学生政治信仰的新探索

（代前言）

山东管理学院思政课教学始终把坚定青年学生政治信仰作为第一要务，在推进思政教学改革中，坚持用严谨的学术框架将教材的主体内容进一步系统化，在此基础上对主流意识形态进行创造性的、科学的解释，让青年学生更好地理解党和国家的路线、方针、政策，坚定"四个自信"，把笃信与坚持建立在理性认知的基础上。

山东管理学院思政教学改革遵循习近平总书记在学校思想政治理论课教师座谈会上提出的"八个统一"原则，把理说透讲清，把青年学生对党和国家的政治认同建立在理性认知的基础之上。特别是在"毛泽东思想和中国特色社会主义理论体系概论"（以下简称"概论"）课教学中，基于国家治理视角，贯彻习近平总书记关于国家治理现代化重要论述，在不断的教学改革中"坚持政治性和学理性相统一"，探索和实践将习近平新时代中国特色社会主义思想"进头脑"的新的方式和路径。

以透彻的学理分析让课堂成为有效阵地。受各种条件制约，思政课教学经常会成为说教而影响其教学效果。山东管理学院充分发挥思政课教师主导作用，对教材进行合理解读和技术改造，努力完成由教材体系向教学体系的转化，传播科学有效知识以使学生信服。思政课教师坚持在使学生懂得基本原理的基础上，把思政课变得更有理性和更容易理解，而不是文件解读与故事集合。在“概论”课教学中，主动以“国家治理”为核心构建课程的逻辑体系。新中国成立是对旧中国治理失败的最好解决方案，也为中国共产党人治理好中国奠定基础。毛泽东思想是中国共产党人在探索救亡图存中诞生的指引中国革命成功的正确思想，“中国特色社会主义理论体系”是新中国成立以后中国共产党治国理政实践的理论升华和总结。“国家治理”始终是毛泽东和中国共产党人思考和关注的核心命题，“治理好国家”前后贯通毛泽东思想和中国特色社会主义理论体系。习近平新时代中国特色社会主义思想更是中国共产党实现国家治理现代化的理论升华和实践总结，是用国家治理视角构建的逻辑体系，能够让学生信服，让课堂成为有生气、有活力的立德树人主阵地。

以彻底的思想理论让学生掌握有效知识。山东管理学院“概论”课教学以国家治理为视角建立逻辑框架，再从总论、纵向和横向三个层面设计“概论”课的教学专题，把“概论”课的内容整合在国家治理体系之内，让学生掌握有效知识。在总论中，明确马克思主义中国化的两大理论成果始终贯穿“治理好中国”这一主题，中华民族伟大复兴是建立在国家治理现代化基础上的。从纵向角度，按照历史和逻辑相统一的原则，以历史为顺序，通过国家治理角度解释近现代中国历史演进，在与时俱进中解读中国共产党的理论创新。习近平总书记指出：“我们中国共产党人干革命、搞建设、抓改革，从来都是为了解决中国的现实问题。可以说，改革是由问题倒逼而产生，又在不断解决问题中得以深化。”[①] 邓小平理论首要解决的国家治理难题是“思想路线”问题，“什么是社会主义、怎样建设社会主义”看起来是一

① 《习近平谈治国理政》第1卷，外文出版社2018年版，第74页。

个思想问题，但实际上是中国共产党选择治国理政实际行动的价值判断标准，这是制约当时中国社会主义建设的根本问题；“三个代表”重要思想是在东欧剧变、苏联解体的背景下阐述如何巩固党的执政地位，解决作为国家治理主体之一的执政党怎样保持党的先进性问题；“科学发展观”旨在解决粗放型发展方式暴露出的越来越多的问题，提出社会主义建设应实现“持续发展”“和谐发展”。进入新时代，以习近平同志为核心的党中央科学回答了当代中国治国理政的一系列重大问题，凝聚升华为中国特色社会主义理论体系的最新成果。从横向角度，教学专题以习近平新时代中国特色社会主义思想为指导，围绕内政外交国防、改革发展稳定、治学治国治军，探讨如何做好经济、政治、文化、社会和生态文明建设，解决建设中的难题，实现中国梦。山东管理学院“概论”课课堂展现的是中国共产党如何治理中国，在讲授中国共产党解决问题、实现梦想过程中让学生掌握有效知识。

以真理的强大力量让学生坚定“四个自信”。山东管理学院以国家治理为视角对“概论”课教学进行改革，学生在学习过程中能够理性地认识到：国家治理现代化能够充分发挥社会主义优越性，坚定道路自信；国家治理现代化理论系统完整、逻辑严密、相互贯通，涵盖改革发展稳定、内政外交国防、治党治国治军等各个领域，是我们的行动指南，坚定理论自信；国家治理体系现代化的核心就是建立更加成熟、更加定型的社会主义制度，坚定制度自信；国家治理现代化理论能够解释历史、指导现实、启示未来，坚定文化自信。中国共产党人在国家治理实践中正确地回答了在不同时代怎样建设社会主义、怎样建设党、怎样实现更好发展的问题。“中国特色社会主义伟大实践”既坚持以经济建设为主，又全面推进经济建设、政治建设、文化建设、社会建设、生态文明建设以及其他各方面建设；既坚持四项基本原则，又坚持改革开放；既不断解放和发展生产力，又逐步实现全体人民共同富裕、促进人的全面发展。中国特色社会主义的成功实践体现在把我们各方面的制度优势有效地转化为管理国家的效能，即以国家治理能力实现国家目标。改革开放 40 多年来的实践证明了中国特色社会主义理论体系能够充分发挥中国共产党治国理政的能力，能够在这一理论体系的指引下实现我们的既定目标。

山东管理学院思政教学在实施以国家治理为核心融入思政教学改革的研究中取得了积极成效，在拓宽中国特色社会主义理论研究的视野中对毛泽东思想和中国特色社会主义理论体系进行严谨的逻辑分析并设计相应教学方案，在课堂上传授更加有效的知识，以透彻的学理分析不断增强青年学生的“四个自信”，坚定中国特色社会主义理想信念。

目 录

导 论 …………………………………………………………… 001

第一章 何为融入? ………………………………………… 011

第一节 融入的内涵 ………………………………………… 014

第二节 融入的本质 ………………………………………… 017

第三节 融入的原则 ………………………………………… 024

第二章 为何融入? ………………………………………… 040

第一节 当代大学生的政治观和政治行为 ………………… 042

第二节 思政课教学吸引力不足的原因分析 ……………… 045

第三节 政治信仰教育建立在理性认知基础之上 ………… 054

第三章 融入什么? ………………………………………… 058

第一节 提高思想政治理论课实效性的关键是改革教学内容 …………………………………………………………… 058

第二节 思政教学内容改革与拓展的众多研究视角 ……… 062

第三节 国家治理现代化 …………………………………… 070

第四节 国家治理现代化与思想政治教育的内在联系 …… 079

第五节 国家治理现代化视域下思政课程创新发展的比较优势 …………………………………………………………… 083

第四章 怎样融入? ………………………………………… 092

第一节 国家治理现代化视域下高校思政工作系统创新 … 092

第二节 国家治理现代化理论融入各门思政课程 …… 109
第三节 改革成功的关键——课程改革 …… 113
第五章 融入重点 …… 118
第一节 “概论”课教学改革研究综述 …… 121
第二节 国家治理现代化理论融入“概论”课改革拟解决的关键问题 …… 126
第三节 国家治理现代化理论融入“概论”课改革方案的设计 …… 129
第四节 国家治理现代化理论融入“概论”课改革的创新点和成果 …… 136
第六章 融入效果——以山东管理学院思政教学成果为例 …… 139
第一节 教学改革成果概述 …… 141
第二节 “概论”课学生学习笔记主题 …… 144
参考文献 …… 154
后 记 …… 168

导　论

2019年3月，习近平总书记在学校思想政治理论课教师座谈会上强调指出："推动思想政治理论课改革创新，要不断增强思政课的思想性、理论性和亲和力、针对性。要坚持政治性和学理性相统一，以透彻的学理分析回应学生，以彻底的思想理论说服学生，用真理的强大力量引导学生。"[①] 以国家治理为切入点，能够系统化教材的内容，增强思政课程思想性、理论性，能够回答马克思主义为什么"行"、中国共产党为什么"能"、中国特色社会主义为什么"好"，让处于"拔节孕穗期"的青年学生能更好地理解党和国家的路线、方针、政策，增强政治认同，把坚定的理想信念建立在理性认知基础上。

一、当前研究现状

（一）思政教学内容改革拓展研究

思政教育工作者对教学内容改革拓展进行了多角度研究：与时俱进，把我们党的重大理论创新融入高校思政教学中，其中和谐社会思想[②]、社会主义核心价值观[③]和中国梦[④]融入思政教育的研究成果较

① 《习近平谈治国理政》第3卷，外文出版社2020年版，第330页。

② 参见张真：《以构建和谐社会的视野探索高校思政工作》，《福建工程学院学报》2006年第5期。

③ 参见张雷声：《把社会主义核心价值体系融入思想政治理论课的教育教学》，《高校理论战线》2012年第4期。

④ 参见徐春妹：《"中国梦"融入高校思想政治理论课教学的探讨——以"毛泽东思想和中国特色社会主义理论体系概论"课为例》，《福建教育学院学报》2015年第1期；王文峰：《中国梦融入高校思想政治理论课教学策略探究——以中国近现代史纲要课为例》，《重庆科技学院学报》（社会科学版）2017年第5期。

多，也较为系统；红色文化是长期革命斗争中形成的宝贵精神财富，对大学生思想政治教育有重要启示①；中华优秀传统文化融入思政教学视角，该角度系统性成果较多，著作有王易的《传统文化与思想政治教育创新》、邓球柏的《中国传统文化与思想政治教育》、顾友仁的《中国传统文化与思想政治教育的创新》、徐永春的《中国传统文化与思想政治教育》等，挖掘传统文化中的思想政治教育资源，探讨传统文化融入思政教育的路径、方式和方法；高校思政课充分利用学校所在区域的地方特色文化，有利于调动学生学习积极性，提升教育教学实效性②；网络资源不同于传统的印刷媒体，即时、丰富并以微博、微信等新媒体传播方式逐渐融入人们的生活且影响巨大，思政课教学要充分利用新媒体技术提高课堂效果，也必须将网络资源融入教学中③；其他视角融入思政教学视角研究，有经典原著育人理念④、劳模精神⑤、工匠精神⑥、行业精神⑦、公平正义理念⑧等。

---

① 参见李康平：《论红色资源在思想政治理论课运用的价值与路径》，《思想理论教育导刊》2010 年第 4 期；李霞：《论红色资源在思想政治教育中的应用》，中南大学博士学位论文，2013 年。

② 参见杨越明：《地方特色文化资源融入高校思政课实践教学的探索》，《大学教育》2019 年第 1 期。

③ 参见谢丽娴：《大数据时代高职思想政治理论课网络教学资源的整合》，《思想理论教育导刊》2015 年第 7 期。

④ 参见邢起龙：《以经典原著育人理念引导高校思想政治理论课教学》，《渭南师范学院学报》2015 年第 12 期。

⑤ 参见丁建安：《简论劳模精神与大学生思想政治教育》，《中国劳动关系学院学报》2014 年第 1 期。

⑥ 参见张坤晶：《论工匠精神培养与高职思政教育的有效融合》，《职教通讯》2016 年第 16 期。

⑦ 参见蒋福明、刘镇江、李晓衡：《“行业精神”融入高校思想政治理论课教学的探讨》，《思想理论教育导刊》2016 年第 1 期。

⑧ 参见李楠、潘学良：《将公平正义理念融入思想政治理论课实践教学探析》，《学校党建与思想教育》2015 年第 21 期。

众多研究成果有效增强了思政教学的实效性，对增强青年学生的思想道德教育产生了良好效果，对于如何增强政治理论教育特别是政治认同教育则需要进一步强化研究并贯彻于教学实践中。

（二）国家治理融入思想政治教育研究

在国家治理理论的指导下，高校思想政治教育必须进行内涵新拓展[①]。徐艳国研究了思想政治教育治理体系和治理能力现代化[②]，郑永廷、田雪梅对社会治理与思想政治教育的关系进行了研究[③]，黄祥基于治理理念对高校思想政治教育路径进行了创新研究[④]，李正光研究了国家治理视域下的社会主义核心价值观培育路径[⑤]。以国家治理现代化为切入点，任丽涛进行了思想政治教育发展研究[⑥]，马超进行了思想政治教育功能转换研究[⑦]，薛川霞从教育理念、教育内容更新、教育方式、提高思想政治教育工作者的创新能力四个角度进行了思想

---

① 参见周国良：《国家治理视域下高校思想政治教育内涵的新拓展》，《学校党建与思想教育》2014 年第 18 期。

② 参见徐艳国：《思想政治教育治理体系和治理能力现代化探析》，《清华大学学报》（哲学社会科学版）2014 年第 3 期。

③ 参见郑永廷、田雪梅：《社会治理与思想政治教育的发展》，《思想理论教育》2017 年第 6 期。

④ 参见黄祥：《基于治理理念的高校思想政治教育路径创新研究》，《安徽工业大学学报》（社会科学版）2016 年第 5 期。

⑤ 参见李正光：《国家治理视域下社会主义核心价值观培育路径研究》，天津师范大学硕士学位论文，2015 年。

⑥ 参见任丽涛：《国家治理现代化视域下的思想政治教育发展研究》，东北师范大学博士学位论文，2016 年。

⑦ 参见马超：《国家治理现代化视域下思想政治教育功能转换研究》，吉林大学博士学位论文，2017 年。

政治教育创新研究[①]。学者们讨论了国家治理视域下思想政治教育创新发展路径及方法等问题，但是没有进一步探讨如何把国家治理理论融入各门思政课教学中，如何把国家治理理念落实到课程教学实践中，让思政课程更加有学理性。

国外没有思想政治教育这一独立学科，但是在公民教育、道德教育、法制教育、宗教教育、历史教育等名义下进行了大量的实践性的思想政治教育。

二、本书学术价值和应用价值

（一）学术价值

（1）以国家治理为切入点是增强马克思主义学科对现实世界解释力和未来指引力研究的新视角；（2）国家治理理论是做好思想政治教育政治性与学理性统一新的有效工具；（3）国家治理理论融入思政教学，是该理论运用的新领域。

（二）应用价值

（1）充分挖掘习近平治国理政重要论述和国家治理理论的思政教育功能，丰富思想政治教育教学内容，为党的理论宣传和教育提供有效工具；（2）增强思政课程解释力，提高思想政治理论教育的有效性；（3）促进思政教育入脑入心，坚定大学生政治信仰。

三、研究内容、思路和方法

（一）研究内容

本书从国家治理角度出发，以高校思想政治理论课教学内容改革

---

① 参见薛川霞：《国家治理现代化视域下的思想政治教育创新研究》，济南大学硕士学位论文，2019 年。

与拓展为研究对象，在对比分析各种融入思政教学内容的基础上，明确国家治理理论融入思政各门课程的侧重点和难点，为思政课教学提供更加有学理性的分析，坚定青年学生信仰。

（二）总体框架

1. 何为融入：融入的内涵和本质

融入是指国家治理理论通过一定的教育教学手段，进入思想政治理论课的教材体系和教学体系之中，成为思想政治理论课教育教学的逻辑主线和重要内容。

教学内容改革是在坚持马克思主义的前提下，将有益于提升教学效果的理论融入教学内容中，本质上是实现教材体系向教学体系的转化。

2. 为何融入：增强高校思想政治理论课成效的关键是改革教学内容

思想政治理论课适应新时代的要求，能够切实从思想上解决青年学子的青春迷茫与成长困惑，坚持在改进中加强，丰富课堂教学内容并强化内容逻辑关联，让新时代思政教育具有说服力、亲和力和针对性。

3. 融入什么：国家治理理论的思政教育功能

国家治理理论主要内容包括国家治理基本概念、研究方法和实现国家治理现代化路径及各个领域具体问题治理，以及在习近平新时代中国特色社会主义思想指导下实现国家治理现代化等。

将国家治理理论融入高校思政教学与“其他融入内容”对比分析，国家治理理论融入思政教学方案的优势有三：一是全局性，高校五门思政课都能够体现国家治理；二是解释力更强大，能够对中国近现代和当代国家情况进行很好的解释并预示未来；三是学理性，能够将教材进行系统处理，课程更有学理性。

习近平治国理政重要论述有助于增强大学生的“四个自信”。以习近平治国理政重要论述指引国家治理现代化，充分发挥社会主义制度优越性，坚定大学生道路自信和制度自信；习近平治国理政重要论述涵盖改革发展稳定、内政外交国防、治党治国治军等各个领域，是我们的行动指南，坚定理论自信和文化自信。

4. 怎样融入：国家治理理论融入高校思政教学各环节分析

国家治理埋论融入高校思政教学具体环节，包括教学设计、课堂讲授、实践教学、考试考核等。

国家治理理论整合各门思政课程教学内容设计的侧重点。“思想道德修养与法律基础”课：当代大学生如何达成国家治理现代化对人才的要求。“马克思主义基本原理概论”课：实现国家治理现代化应学习、坚持的正确思维方式。“中国近现代史纲要”课：从失败的国家治理中应该吸取的教训。“毛泽东思想和中国特色社会主义理论体系概论”课：实现中华民族复兴过程中的国家治理。“形势与政策”课：现实的国家治理。

5. 融入重点：以国家治理为主线设计“毛泽东思想和中国特色社会主义理论体系概论”课教学内容

习近平治国理政重要论述融入课程教学内容。习近平治国理政重要论述是习近平新时代中国特色社会主义思想的重要内容，是马克思主义中国化的最新成果，是我们的理论指引和行动指南。

以国家治理为主线构建“概论”课教学逻辑框架（见图 1）。国家治理是马克思主义与中国现实的结合点，“治理好国家”是人民群众对中国共产党的要求，也是课程逻辑主线。中国特色社会主义理论体系在国家治理实践中丰富和发展，在习近平新时代中国特色社会主义思想指导下实现国家治理现代化，完善和发展中国特色社会主义制度，实现中国梦与人的全面发展。

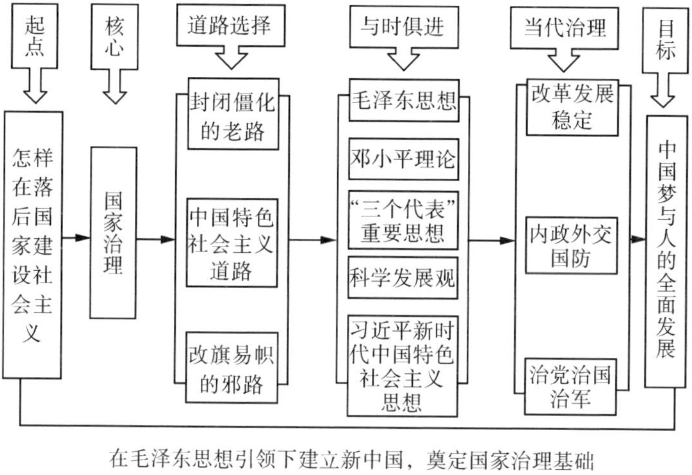

图 1 以国家治理为主线的“概论”课教学逻辑框架

以国家治理为主线构建“概论”课教学专题：纵向按照历史和逻辑相统一的原则解释近现代中国历史演进并解读毛泽东思想、邓小平理论、“三个代表”重要思想、科学发展观、习近平新时代中国特色社会主义思想；横向讲解在习近平新时代中国特色社会主义思想指导下实现国家治理现代化，以“五位一体”总体布局和“四个全面”战略布局为重点构建教学专题。

6. 融入效果：以山东管理学院思政教学成果为例

通过问卷调查法、实地访谈法、专家意见法客观评价习近平国家治理现代化理论融入高校思政教学内容的改革与拓展，根据评价结果反思教学改革过程并修正教学内容改革中出现的问题。

（三）研究思路和方法

本书主要采用文献研究、个案研究和比较研究等方法展开研究。

具体来看，首先，本书运用定性分析法和比较研究法对思想政治教育的教学内容改革进行了解读，进而厘清了所涉概念与理论体系；其次，本书运用调查研究法、文献分析法和功能分析法，以国家治理现代化为总体视角，对思想政治教育改革的发展进行梳理，确定国家治理现代化融入方式和方法；再次，本书运用系统分析和个案研究等方法，对国家治理现代化融入思政教学进行系统性研究并对重点课程进行个案分析；最后，本书运用调查研究法和专家意见法探索性地对国家治理现代化进程中思想政治教育现代转型所应秉承的核心指导思想和具体行为方略进行了申明（见图 2）。

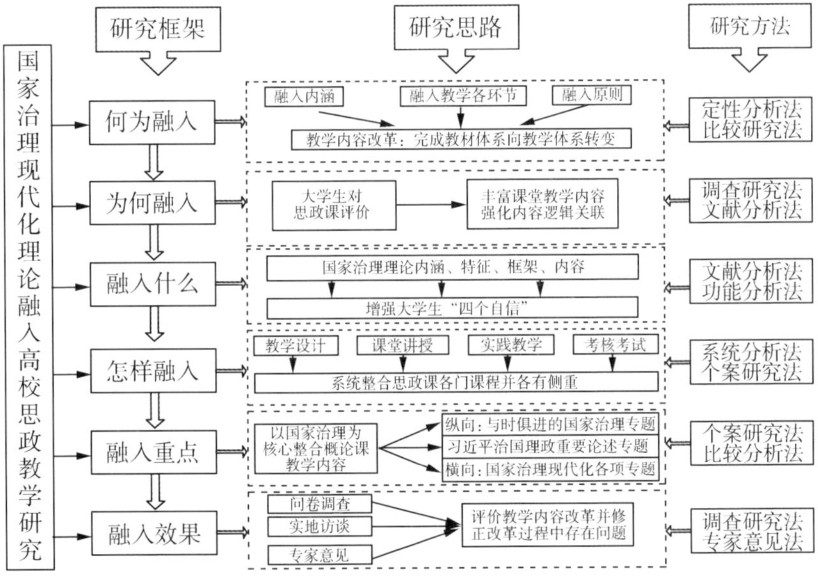

图 2 研究思路和方法

四、研究目标和拟解决的关键问题

本书研究的总目标：从国家治理视角出发，用最新的马克思主义理论成果改革拓展思政教学内容，提升思政教育实效性，在增强大学生理性认知基础上坚定其政治信仰。拟解决的关键问题有三：第一，论证清楚国家治理理论融入思政教学的路径和相关影响因素；第二，明确国家治理理论融入各门课程的切入点和侧重点；第三，以国家治理为核心对“概论”课进行教学内容的改革和拓展。

五、工作基础

（1）研究理论基础扎实。本书负责人徐健完成了专著《国家治理视域下中国特色社会主义理论体系研究》，为本书研究打下较好的前期基础。

（2）研究条件充分。研究人员所在学校图书馆馆藏丰富，购置了各类文献数据库，通过网络平台能够搜集满足研究的大量资料。

（3）研究方法得当。本书使用的研究方法如文献研究法、比较研究法、功能分析法都比较成熟，能较好服务于本书研究。

（4）团队结构合理。研究人员年龄、知识结构合理，均具有良好教育背景、科研背景，并具有丰富的思政课授课经验，其中获得过省级教学比赛一等奖 1 人，三等奖 2 人。

六、创新点

（1）增强思政教学思想性、理论性的新方案。本书探讨将国家治理理论融入高校思政课，用严谨的学术框架、系统化教材的内容，培养学生理性认知，更好地对主流意识形态加以阐释，让青年学生更准确地理解党和国家的路线、方针、政策，把坚定的理想信念建立在理性认知基础上。

（2）做强马克思主义理论学科的新思路。中国特色社会主义理论体系是马克思主义中国化的成果，马克思主义与当代中国现实的结合点是国家治理。实现国家治理现代化，完善和发展中国特色社会主义，做强马克思主义理论学科，用正确思想引导人，用主流价值涵育人。国家治理理论能够增强马克思主义理论学科的解释力及其对未来的指引力。

（3）为实现青年政治认同提供新工具。将国家治理理论融入思政教学，丰富思政教育教学内容，增强其解释力，将“四个自信”建立在理性认知基础上，通过课程教学实现青年学生对中国共产党的政治认同。

第一章　何为融入？

2019年，中共中央办公厅、国务院办公厅下发《关于深化新时代学校思想政治理论课改革创新的若干意见》（以下简称《意见》），针对思政课存在的问题提出了全面的建设意见，为新时代学校思政课建设指明了方向。用习近平新时代中国特色社会主义思想武装大学生头脑，是党和国家不断推进新时代中国特色社会主义伟大事业的重要人才保障和思想保障，也是切实保障思政课改革创新取得实效的重要举措。思想政治理论课是高校思想政治工作的主力军、主阵地、主渠道，在“培养什么人、如何培养人、为谁培养人”这个根本问题上发挥着至关重要的作用。学习贯彻落实《意见》，提高高校思政课实效性，应着力发挥好教师队伍“主力军”、课程教材“主阵地”、课堂教学“主渠道”作用。

第一，发挥教师队伍“主力军”作用。2019年3月，习近平总书记在学校思想政治理论课教师座谈会上发表的重要讲话，特别突出强调了“办好思想政治理论课关键在教师，关键在发挥教师的积极性、主动性、创造性”[①]。提高思政课教学实效，要充分认识思政课教师在教学实践中的重要意义，充分调动教师的积极性和创造性。《意见》围绕教师队伍建设提出了五个方面的具体举措。贯彻落实《意见》，必须把配齐建强思政课教师队伍作为关键环节，建设一支政治强、情怀深、思维新、视野广、自律严、人格正的高素质专业化思政课教师

---

① 《习近平谈治国理政》第3卷，外文出版社2020年版，第330页。

队伍。培养高素质专业化思政课教师队伍，要处理好政治与业务、数量与质量、专职与兼职、教学与科研、思想引导与政策激励的关系。通过政治上提要求、业务上压担子、发展上增出路、经济上给待遇、师德上强约束，推动思政课教师队伍持续壮大、结构不断优化、整体素质进一步提升，形成一支可信、可敬、可靠，乐为、敢为、有为的思政课教师队伍。

第二，发挥课程教材“主阵地”作用。《意见》围绕课程教材建设提出了四个方面的具体举措。贯彻落实《意见》，一是构建思政课“必修课＋选修课”的课程体系。高校在保持思政课必修课程设置相对稳定的基础上，应当以习近平新时代中国特色社会主义思想为指引，紧密结合高校学生的思想实际，贴紧靠实大学生成长成才的现实规律，把思政课放在波澜壮阔的新时代中来建设，聚焦当代中国理论与实践中的热点问题。把马克思主义基本原理与中国经济社会发展、学校学科专业特色以及学生个人成长结合起来，在充分尊重新开课程建设规律前提下，坚持高站位谋划、高标准设计、高起点推进，精心组织课程攻关，积极探索思政课新的“打开方式”，构建思政课“必修课＋选修课”的课程体系。以广阔的视野、精深的剖析、丰富的教学形式引导大学生深度了解中国和世界发展大势，深刻认识时代使命和历史担当。二是整合教学内容。思政课课程内涵极其丰富，外延极其广阔，这些理论成果的产生与我国的历史国情、现实社会生活等密切相关。精心设计教学内容是提高思政课教学实效性的立足基石。在教学内容的设计上，要坚持以统编教材精神为指向，以其体系结构和谋篇布局为指导，正确处理三方面关系，即教材内容和教学内容的关系、教学内容的内在关系、本课程与其他课程相关内容之间的关系，认真思考“教材体系怎样转化为教学体系、理论体系怎样转化为信仰体系”的问题。遵循政治理论“够用”和“会用”原则，把抽象的、枯燥的理论变成学生能够听得懂、有用的信息，促进学生关注社会、认知现实、认同信仰、政治坚定、提升素养。

第三，发挥课堂教学“主渠道”作用。习近平总书记指出：“要用好课堂教学这个主渠道，思想政治理论课要坚持在改进中加强，提升思想政治教育亲和力和针对性，满足学生成长发展需求和期待。”①《意见》围绕思政课教学，提出了五个方面的具体举措。贯彻落实《意见》，一是建立集体备课制度。注重发挥团队力量，发挥学科带头人的作用，集思广益，加强对各门课程教学设计研究、课程之间内容衔接研究、教案编写和课件制作及课堂教学组织研究，努力打造一批精彩教案、精彩课件和精彩课堂。二是加强思政课教学研究。提倡思政课教师“在教学中研究，在研究中发展”，坚持教学与研究平行发展，让思政课教师把更多的精力投放在教学研究与教学改革、投身于教法创新上，让教师的专项研究成果最大限度地转化为教学内容，以科研支持教学，在学术研究中夯实思政“金课”的理论基础。三是充分发挥现代信息技术的作用。积极探索符合新时代思想政治教育工作特征和青年学生特征的教学方法和手段，充分发挥现代信息技术优势，提升思政课教师信息化能力素养，推动人工智能等现代信息技术在思政课教学中的应用，确保传统方法的传承发展与新方法、新手段的推广应用并形成一个整体，共同提高思政课教学实效。

① 《习近平谈治国理政》第2卷，外文出版社2017年版，第378页。

第一节　融入的内涵

“融入”在本书中是指把国家治理现代化理论通过一定的教育教学手段引入思想政治理论课的教材体系和教学体系之中，成为思想政治理论课教育教学的重要内容，让思政课程内容更充实、逻辑更清晰、说服更通透、课程有实效。

一、“融入”的字面含义

“融入”为动词，有融合、混入、混合之意，指有形物质的彼此融合，或者一种物质融入了另一种物质。其与“溶合”的区别在于，“溶合”的液体特征突出，而“融合”泛指物质间的彼此接纳。无物质形态的融合，如一个人或群组从思想上和形式上融入了另一个群组，成为一个更大的群组。在用于人的范畴时，更多的是指精神层级的融合和接纳。

二、本书所指“融入”的内涵

本书所指“融入”是指将某种思想或者精神“融合”到思政教学中，以达到提升教学效果的目的。“融入”是指充分发挥教师的“主力军”作用，在坚持马克思主义的前提下，将有益于提升教学效果的理论和内容融入教材体系和教学体系之中，更好地发挥教材“主阵地”作用，在提高思政课教学实效中把稳把牢课堂教学这个“主渠道”。

从“融入”的目的来看，它是为了提高思政教学实效性。办好思政课，最根本的是要全面贯彻党的教育方针，解决好“培养什么人、怎样培养人、为谁培养人”这个根本问题。落实到具体工作中，需要不断提升对思政课重要性的认识、提升课堂教学的效果、提高教材内容的质量、完善相关体制机制，持续深化思政课一体化建设。其中，重要的一条是切实提升高校思政课教学的实效，全面提升学生的思想政治理论素养。“融入”就是为了提高思政教学实效性。中国梦——实现中华民族伟大复兴是全世界中华儿女的共同心愿，能够凝聚人心。在实现“四个现代化”的基础上，实现国家治理现代化是民族复兴的保障和助力，讲好中国之治、践行治理好中国更能让广大学子理解伟大祖国、理解伟大的中国共产党。

从“融入”的手段来看，是指把有益于提升教学效果的理论通过一定的教育教学手段引入思想政治理论课的教材体系和教学体系之中，成为思想政治理论课教育教学的有力支撑和重要保障，让理论更通透、让“主阵地”更稳固。2013 年 11 月，中共十八届三中全会提出“国家治理体系和治理能力现代化”的重大命题。有学者将这个概念简称为“国家治理现代化”，认为其是继“工业、农业、国防和科学技术四个现代化”之后的“第五化”。① 国家治理现代化需要通过社会主义先进文化建设凝聚人民的精神力量，增强民族自信心，使全体人民在思想上、精神上紧紧团结。高校思想政治教育具有凝聚主流思想、传递社会正能量、树立社会主义核心价值观的重要作用，因此，社会主义先进文化建设离不开高校思想政治教育。高校思想政治教育作为社会主义先进文化建设的重要环节，其教育内容必然也是社会主义先进文化建设的重要内容。国家治理现代化是中国共产党对国际形势的深刻把握，也是在国内全面深化改革现实状况的前提下提出的全

① 参见许耀桐：《应提“国家治理现代化”》，2014 年 6 月 30 日，http://theory.people.com.cn/n/2014/0630/c49150－25216210.html。

新政治理论和发展战略，从经济、文化、社会、党的建设等方面展现了中国共产党对中国特色社会主义的强大自信。高校思想政治教育作为培养现代化治理主体和时代新人的重要途径，对稳步推进国家治理现代化发挥着不可或缺的作用。国家治理现代化与高校思想政治教育内在契合，全面系统地分析二者存在的联系，对于增强高校思想政治教育实效性、推进国家治理现代化进程具有重要意义。

第二节 融入的本质

“融入”的本质是思想政治理论课在教学内容、教学方式方法、考核方式上的创新，在创新中促进思想政治理论课教育教学提质增效。

一、“融入”的本质是思想政治理论课的创新

做好新时代高校思想政治工作，要切实发挥思想政治理论课的主渠道主阵地作用，必须对思想政治理论课进行综合创新改革，激活线上与线下协同改革活力，厚植理论与实践协同改革潜力，促进思想政治理论课教育教学提质增效。只有创新，才能实现思想政治理论课的实效性。

客观来说，地方高校思想政治理论课教学质量与育人功能的提升既面临教学内容供给单一性、教学方式枯燥性的问题，又面临思政课教师教学能力和水平不足的问题。

首先，在内容供给方面，线下资源单一性明显、线上资源活跃性不足。我国已经进入互联网时代，“互联网＋”作为一种创新理念和创新模式，正在深刻地改变传统的教育模式，并成为新一代青年大学生的常态化生活学习方式。在这样的时代背景下，高校思想政治理论课应积极运用“互联网＋”，着力解决线下资源单一性的问题。此外，线上资源尚未有效“动起来”“用起来”，如何找好线上与线下的结合点、着力点，丰富教学内容，增加学生兴趣，这都需要深入探索。

其次是教学方式枯燥性的问题。思想政治理论课的性质和使命决

定了它必须旗帜鲜明地讲好、讲清、讲透我们党的创新理论。如何让学生真心喜爱、终生受益，不仅要以严密的逻辑和深刻的观点来说服人，更要以实践的效度和切身的体悟来征服人，做到“以理服人”和“以情化人”相结合。当前，思想政治理论课如何让青年大学生觉得“管用”“好用”？关键是要通过理论与实践的协同，使理论课程形式丰富起来，更好地让教学内容入脑入心，同时通过有效的实践调动青年大学生的积极性并提高其参与度。

最后是教师教学能力和水平提升的问题。办好思政课关键在教师。对于边疆地区、民族地区的高校来说，其在引进师资方面的优势不明显，无论是思政课教师的学历层次还是教学水平、理论教学还是实践教学，都与发达地区、部属院校或省部共建高校有一定的差距。因此，如何提升教师的教学能力和水平，成为思想政治理论课提质增效的重要问题。因而，需要通过校内与校外相结合，在挖掘自身潜力的同时，借助外部力量提升师资水平。

二、“融入”的本质是思想政治理论课在教学内容上的创新

在坚持马克思主义立场的基础上，大力推进高校思想政治理论课教学内容改革创新，是加强和改进高校思想政治理论课建设重要的切入点和突破口，也是提高思想政治理论课教学水平、增强高校思想政治理论课实效性和整体教学质量的重要途径。

第一，巩固高校意识形态阵地。新中国成立之初，高校就开始设立思想政治理论课，以此体现社会主义本质特征从而与旧式大学教育进行根本区别。因此，高校思想政治理论课具有其意识形态属性和政治性的要求。与智育课程不同，作为德育课程的思想政治理论课，必须反映意识形态工作要求并始终以此作为标尺，指向学生自身内在的心理品德结构，影响学生思想行为。高校思想政治理论课名称从“政

治课”到“马列课”，从“马克思主义理论课和思想品德课”到现在的“思想政治理论课”，虽然有过若干次的变化，但不管如何变化，思想政治理论课始终定位于落实立德树人的主干渠道，并具有巩固高校意识形态阵地的战略意义。在思想政治理论课教学过程中，需要有组织、有计划地以明确的方式对学生思想政治素质产生教育影响，构建并认同有关马克思主义基本理论和观点。因此，只有从课程性质和属性上对思想政治理论课进行深入剖析，才能对思想政治理论课及其教学法开展深层次研究。

第二，关注内在要素的动态变化。高校思想政治理论课是由教学内容、教师、学生以及教学方式等内在要素构成的教学系统，这些内在要素具有动态变化的特征。以往关于思想政治理论课教学法的研究较多关注教学过程的形式要素，即过多关注思想政治理论课教学活动中普遍运用的教学方法，以期找到普遍运用的具体方法。事实上，虽然思想政治理论课的内容有过几次重大调整，但每一次调整都体现了党在思想理论上的重大发展，体现了党的最新理论成果，反映了马克思主义中国化最新发展成果，因此，思想政治理论课教学内容不是一成不变的，而是依据党的思想理论发展而不断发展的。作为思想政治理论课教学过程中的主导性要素，高校思想政治理论课教师既是承担思想政治理论课教学的教育工作者，又是马克思主义理论学科研究的主要力量。因此，在新时代重视思想政治理论课教师的政治功能和育人功能的同时，也必须重视其职业发展和自我发展的功能。同时，思想政治理论课教学过程是教师与学生以教学内容为媒介的双向互动活动，学生在思想政治理论课上的参与程度决定着思想政治理论课的成效。而在网络日益发达的今天，大学生的思想政治观念已经发生了深刻变化，他们会根据自己接受思想政治教育的状况对思想政治理论课课程内容进行认知和评价。因此，关注新时代“学情”的变化特征，才能更好地提高思想政治理论课的教学实效性。

第三，关注自身展开逻辑。思想政治理论课教学法研究的展开逻辑，是指思想政治理论课教学法在横向比较与纵向变化中实现自身发展的逻辑过程。思想政治理论课教学法虽然具有特殊的规律，但作为一门课程，在教学方面同其他课程一样属于教学法的共性。在这个意义上，思想政治理论课教学法研究既要遵循课程教学特殊规律，又要遵循普通教学法的一般规律。因此，作为社会主义制度下的高校思想政治理论课，要批判地继承和发展一般教学法的研究成果，探讨适合我国思想政治理论课特点的教学方法论体系。同时，我国思想政治理论课教学体系从初步确立到较为完善成熟，经历了十分曲折的过程。思想政治理论课教学的种类从一种类型演变成为多种类型，思想政治理论课教学的层面也从单一地围绕课程教学展开过渡到教学、科研和学科建设齐头并进的阶段。这要求我们要整体上、大规模和主动地探索思想政治理论课教学法演进的历史进程。因此，对思想政治理论课教学法的比较研究和历史研究有利于增加思想政治理论课教学法研究的应有厚度。

第四，思想政治理论课在新时代具有新的发展趋向。党的十八大以来，随着党的思想理论的创新发展和一系列思想政治理论课指导方案及意见的颁布实施，特别是在党的十九大和学校思想政治理论课教师座谈会召开之后，思想政治理论课建设与研究有了明确的发展方向。结合新时代的特征，思想政治理论课本身在发展的过程中必须按照立德树人的原则及时补充更新中国特色社会主义理论体系的内容。

三、“融入”的本质是思想政治理论课在教学方式方法上的创新

《关于新时代加强和改进思想政治工作的意见》提出了“推动思

想政治工作传统优势与信息技术深度融合，使互联网这个最大变量变成事业发展的最大增量”新命题。笔者认为，互联网、人工智能、信息技术赋能驱动思想政治理论课教学改革是大势所趋。我们要在把握时代大势、遵循教育教学规律和学生成长成才规律的基础上推动信息技术与教育教学深度融合，以课堂革命推动质量革命。

思想政治理论课要达到学生真心喜欢、终生受益、毕生难忘的育人效果，就必须按照时代的新特点、学生的新需求进行改革创新，不仅要进行学科重组、文理交融，更要将新的技术前景和技术趋势纳入学科训练中，推动新媒体新技术与教育教学改革的快速融合，实现课上课下有效贯通、课内课外有效结合、网上网下有效全面覆盖，增强时代感和吸引力。

教学理念的更新，是新媒体新技术助推思想政治理论课教学改革的前提。思想政治理论课的初心和使命是价值观教育，是立德树人和铸魂育人，实现学生对美好生活的向往。只有坚持以学生发展为中心，坚持从学生实际出发，面向未来、面向世界、面向现代化进行一脉相承而又与时俱进的建设，才能打造具有亲和力、获得感、打动人心、深入人心的思想政治理论课。在互联网思维的影响下，与时代同步伐、网络共发展的时代新人个性发展更充分，因而也就更排斥传统的“一言堂”“满堂灌”“填鸭式”教学模式。正所谓，“好的教育不是灌满一桶水，而是点燃一把火”。基于此，新时代思想政治理论课教师必须要紧随时代步伐、转变教学理念，在教与学深度融合中实现在线教学的育人功能，唯有如此才能在时代变革的夹缝中寻求生机，获得发展。

基于新媒体技术的课堂结构重组作为思想政治理论课改革创新的战略举措，不是对传统教学的否定和代替，而是对课堂教学的突破。

基于新媒体技术的课堂结构重组作为一流课程建设的内在要求，不是无视课程建设标准的天马行空，而是指向培养目标达成度、社会需求的适应度、技术条件支撑度、质量保障运行有效度的课程变革。基于新媒体技术的课堂结构重组作为一流课堂建设的必然要求，不是否定课堂教学教师的主导性，而是要让教师主导性促进学生的主体性，让教师主导性带动学生的自觉性。基于新媒体技术的课堂结构重组不是课前、课中、课后内容的本末倒置，而是课前、课中、课后的贯通思考，把课后内容前置课中，把课中内容前置课前，其本质是一个建构—解构—重构的过程。

四、“融入”的本质是思想政治理论课在考核方式上的创新

长期以来，思想政治理论课的考核考试方法较为单一，缺乏对学生综合素质和能力的考查。如何创新该课程考核评价方式，注重学生综合素质和能力的提高，值得每一位思想政治理论课老师认真思考和仔细研究。

就目前而言，思想政治理论课的考核多以开卷考查方式为主，部分学生就片面地理解为最后一次课参加考试即可，没有从学习态度上重视该课程的学习，更谈不上对书本知识的理解和把握。有少数老师考核方式单一，以平时课堂考勤、听课情况、作业完成等方面的考核为主，但忽视了对学生分析问题和解决问题能力的考核，特别是忽视了对学生的思想政治素质、职业素质和运用能力的考核和评价，考核评价与学生未来所要从事的工作实际脱节。还有一些老师的考核评价不再是一张试卷、一次考试，评分标准也兼顾学生平时上课的表现情况，有时虽然把出勤、听课笔记、讨论发言等作为平时成绩纳入考评，但大多标准模糊、形同虚设，评价标准仍然是一考定终身，综合评价应用少，不利于真实、全面地考核学生知识与能力，没有准确地

考查学生的思想道德素质，最终还是突出了以知识为本位的考核，把掌握理论知识的多少作为评价学生的重要标准，不能全面反映学习效果，更不能准确反映学生的综合素质和能力水平等情况。而思想政治理论课的考核也主要是任课教师根据学校教务处的统一安排来进行的，体现的是思政课教师的主导作用，缺乏思政课教师以外的其他考评，特别是缺乏学生的自评、互评、班主任辅导员的考核等多样性考核，忽视了学生自我教育的元素和主体作用的发挥。

思想政治理论课具有鲜明的现实性和实践性，理论性强。它从概要式的、全方位的政策理论的角度反映了我国社会实践的变化和改革开放以来党的理论创新发展以及我国社会日新月异的进步。如果思想政治理论课考核评价方式注重学生综合素质和能力的提高，就能够使学生积极主动地了解这些变化，探究社会发展中的难点、焦点和社会热点问题，及时地发现、观察与教学内容相关的具有强烈时代感和针对性的新信息和新问题，从而会在很大程度上增强学生关注社会和理论联系实际的能力，提高他们的政策理论水平和思想政治觉悟。应当结合思想政治理论课教学内容的特殊性和学生学习的实际情况，对学生的考核评价方式进行大胆创新，努力探索出一种以全方位过程考核为支点、以加强实践技能应用能力及综合素质培养为目标的教学考核模式。

第三节　融入的原则

2019 年 3 月 18 日，习近平总书记在北京主持召开学校思想政治理论课教师座谈会并发表重要讲话，就如何办好思想政治理论课作出了具体部署和指导，提出了关于思想政治理论课改革创新要坚持“八个相统一”[①] 的重要论断。“八个相统一”具有丰富的理论内涵，是思想政治理论课教育教学规律的集中体现，是高校思想政治理论课守正创新的理论指南和行动纲领，是新时代高校思想政治理论课改革创新的基本原则。高校思想政治理论课教师要用“八个相统一”来创新思想政治课教学，担当起思政课教师应有的责任，用心教学，精心育人，努力提高思想政治理论课教育教学质量。

一、坚持政治性和学理性相统一

习近平总书记在主持召开学校思想政治理论课教师座谈会上指出，思政课教学“要坚持政治性和学理性相统一”。坚持政治性与学理性统一，是高校思想政治理论课的本质属性，是高校思政课教师立德树人的使命呈现。高校思想政治理论课既要通过透彻的学理分析为学生释疑解惑、回应学生，同时还要用真理的强大力量引导学生、教育学生。

高校思想政治理论课是对大学生进行思想政治教育的重要渠道，

---

① “八个相统一”，即坚持政治性和学理性相统一、坚持价值性和知识性相统一、坚持建设性和批判性相统一、坚持理论性和实践性相统一、坚持统一性和多样性相统一、坚持主导性和主体性相统一、坚持灌输性和启发性相统一、坚持显性教育和隐性教育相统一。参见《习近平谈治国理政》第 3 卷，外文出版社 2020 年版，第 330～331 页。

是帮助大学生树立马克思主义信仰的重要途径。它的课程性质以及它在高等教育体系中的特殊地位决定了其必须强化思想政治教育目标。高校思想政治理论课教学不仅要让学生理解和掌握教师所教授的内容，更重要的是要体现它的思想政治教育功能，让大学生掌握思想政治理论课的教学内容，学会运用马克思主义理论分析问题。所以，高校思想政治理论课教学必须坚持思想政治教育目标第一位原则，坚持正确的舆论导向，用科学的思想理论武装学生的头脑，使大学生系统地掌握马克思主义、中国特色社会主义理论。高校思想政治理论课教学必须服务于政治性的教学目的，更好地突出和体现这一主题。

高校思想政治理论课教学的学理性是政治性的重要支撑。思想政治理论课加强学理性教学可以使大学生在学习掌握思想政治理论课教学内容的同时，深刻理解其内在的逻辑性，知其然并知其所以然。高校思想政治理论课政治性功能的实现渗透于学理性之中，并依靠学理性来体现。所以，高校思想政治理论课要重视学理性教学。坚持学理性教学，就是要善于用学理阐释政理，帮助、引导学生通过学理分析掌握正确的思维方法，更深刻地理解政理、认同政理。思政课教师要用通俗化的语言，解读教材中的基本概念和基本原理，使大学生深刻理解教学内容。思政课教师要有深厚的理论功底，对教学内容如数家珍，能以马克思主义理论为基础，通过透彻的学理性分析系统地传授思想政治理论课的教学内容，解惑释疑，增强课堂教学的说服力和感染力，使学生深刻领悟马克思主义的真理性。

高校思想政治理论课教学的政治性和学理性是互为条件、互相促进、互相支撑的。政治性是建立在学理性基础之上的，建立在学理性基础之上的政治性才具有科学性。学理性需要政治性引领，离开政治性的学理性难有社会影响力，政治性有助于提升学理性的社会关注度和社会影响力。高校思想政治理论课的政治教育是最基本、最主要、最经常、最有效的形式和方法。在传授知识的过程中进行思想政治教育，是高校思想政治理论课教学的最大特点，也是其最大优点。加强思想政治理论课的学理性教学，对蕴含在理论中的政治性功能加以挖掘和提升，能够使学生经过课程学习，学会运用马克思主义立场观点方法来认识和理解社会现实问题，思考人生的价值，能够有效激发大学生学理论、用理论的浓厚兴趣，使学生学会思想、拥有思想，为未来的发展打下坚实的政治理论和思想认识基础。学理性使思想政治理论课具有了内在逻辑力量，这种力量可以深入学生的心灵，“以理服人”，促进学生“灵魂的转向”，增强思想政治理论课教学的政治性。反过来，高校思想政治理论课教学政治性功能也会促进学理性。高校思想政治理论课教学强化政治性教学，加强大学生马克思主义信仰教育，有助于激发大学生认真学习马克思主义理论的浓厚兴趣，有助于促进大学生在理论素养、学理层次上实现升华。

总之，高校思想政治理论课教学的政治性和学理性是相互联系、相互贯通、辩证统一的。思政课教师一方面要以高度的政治自觉讲准、讲深、讲透思想政治理论课教材的精髓要义，突出教学内容的政治性；另一方面还要以透彻的学理性教育引导大学生时时处处从政治角度看问题、想问题，增进高度的政治认同、思想认同、理论认同和情感认同。如果没有把政治性和学理性结合起来，其结果是既削弱了政治性，也削弱了学理性，不能完成立德树人的根本任务，不能培养出合乎社会发展需要的人才，其实质就是思想政治理论课教师的失职。

二、坚持价值性和知识性相统一

习近平总书记指出，思政课教学“要坚持价值性和知识性相统一”。这一论断表明，思想政治理论课教学既要传授知识，又要进行价值观教育，要把二者紧密结合起来，寓价值观教育于知识传授之中。

高校思想政治理论课作为大学生的必修课程，具有科学的理论体系和完整的教学内容，担负着知识传授的任务。马克思主义是以一系列概念、范畴作为支撑，按照严密的逻辑构成若干原理和规律的知识体系。大学生作为社会主义事业的接班人，必须掌握马克思主义理论。高校思想政治理论课教学对大学生进行知识传授，其目的正是让大学生更好地学习和掌握马克思主义理论。大学生只有在深刻理解、认同马克思主义的基础上，才能真正信仰马克思主义，坚定共产主义信念。不懂得社会发展的历史，是很难理解社会主义必然代替资本主义这个科学道理的；对我们国家几千年的灿烂文化一无所知，是很难培养起自觉的爱国主义思想的。所以，在高校思想政治理论课教学中，知识传授是一个极为重要的环节。

高校思想政治理论课的教学目的不仅是传授给大学生马克思主义理论知识，更重要的是要加强大学生价值观教育，引导大学生树立和践行社会主义核心价值观。应当看到，在思政课教学中实现价值性与知识性的统一，是教育实践活动规律的必然要求，是思政课改革创新的根本遵循和现实诉求。只有寓价值观引导于知识传授之中，才能落实思想政治理论课立德树人的根本任务，促进大学生树立社会主义核心价值观。

高校思想政治理论课教学要在传授知识的同时强化社会主义核心价值观教育，引导大学生树立社会主义核心价值观，引导大学生把实现自我价值与服务祖国人民有机结合起来，把个人理想融入社会理想，把个人智慧融入集体智慧，把个人力量融入集体力量，在自觉服务祖国和人民、实现社会价值的过程中实现自我价值。

高校思想政治理论课教学寓价值观引导于知识传授之中，能够使正确的价值取向渗透在深奥严谨的科学知识之中，赋予价值观教育以深刻的科学内涵和严谨的科学形态，使价值观教育更具有科学性；能够使思政课教师所进行的价值观引导具有坚实的知识基础，可以给予学生马克思主义的理论滋养和真理的力量，从而以理服人，进而启迪学生自觉形成崇高的社会理想和人生价值观。思政课教师在知识传授的同时把价值观教育贯穿其中，不仅使价值观教育更具有智慧和艺术性，也使马克思主义、中国特色社会主义理论更具有感染力和影响力。

高校思想政治理论课教学寓价值观引导于知识传授之中，要求教师不仅要把思想政治理论当作科学的知识体系来传授，更要当作正确的价值体系来促进大学生内化于心，真正发挥思想政治理论课的思想教育功能，把大学生学习思想政治理论课与提高自身思想政治素质结合起来，促进学生的全面发展和健康成长。

三、坚持建设性和批判性相统一

习近平总书记指出，思政课教学“要坚持建设性和批判性相统一”。这一论断表明，思想政治理论课教学不仅要弘扬主旋律，传导主流意识形态，传递正能量，而且还要直面并批判各种错误观点和思潮，引导大学生坚信马克思主义。

意识形态斗争是看不见硝烟的斗争，意识形态工作始终是我们党的一项极端重要的工作。高校思想政治理论课作为高校宣传马克思主义的主阵地，要大力宣传主流意识形态。

在当今信息时代的背景下，信息技术的发展是前所未有的。网络上传播的信息鱼龙混杂，良莠不齐。一些社会思潮和价值取向异常活跃、激荡多变，呈现多元化趋势，出现了一些诸如历史虚无主义等非主流意识形态。有人提出马克思主义过时论，否定中国革命，否定中国的改革开放和中国特色社会主义，企图弱化当代中国主流意识形态；还有一些思潮直接与思想政治理论课教学内容相抵触。这些负面信息严重威胁大学生的身心健康。鉴于此，高校思想政治理论课教学应置于信息时代的大环境下来考虑这些问题，直面各种错误观点和思潮，教会大学生批判性思维，使他们在信息的海洋里能够经受住各种诱惑，做一个立场坚定、信仰崇高的大学生。因此，高校思想政治理论课教学要强化马克思主义的主流意识形态教育，发挥主流意识形态教育的凝聚和引导作用。思想政治理论课教师要从社会现实和学生思想实际出发，运用马克思主义理论来解释、分析和评价现实问题，与各种错误思潮和思想观点展开对话、交锋，从而展现马克思主义基本立场、基本观点、基本方法的科学性和生命力。也就是说，高校思想政治理论课教学要坚持建设性和批判性相统一，坚持有褒有贬、有思想交锋，在同各种错误思潮斗争的过程中坚定马克思主义信仰，不断开创中国化马克思主义话语体系，积极同各种消极、落后乃至反动的社会思潮进行斗争，不断提高马克思主义的认同度，增强马克思主义的公信力和引导力，提高主流意识形态的影响力和号召力。高校思想政治理论课教学要在批判错误观点和思潮中引导大学生对主流意识形态的认同，抵御西方多元价值的冲击，澄清大学生的模糊认识，防止负面社会现象对学生思想认识的消极影响。

思想政治理论课的建设性旨在传导主流意识形态，而批判性着眼于批判错误观点和思潮，二者是使主流意识形态凝聚力和引领力发挥效应的辩证统一的两个方面。坚持高校思想政治理论课建设性与批判性相统一，是高校思想政治理论课本质的重要体现，需要教师始终坚持正确的政治导向，使学生可以在学习掌握思政课基本知识的基础上正确认识现实社会中的各种问题和思潮。

四、坚持理论性和实践性相统一

习近平总书记指出，思政课教学“要坚持理论性和实践性相统一”。高校思想政治理论课是用习近平新时代中国特色社会主义思想铸魂育人，其理论性之强不言而喻。高校每门思想政治理论课都要求使用马克思主义理论研究和建设工程编写的重点教材，其内容是一套严密的理论体系。因此，高校思想政治理论课教学突出理论性，用科学理论培养人，必然要求在教学中充分论证教学内容的科学性，充分展示马克思主义的学术性和理论品位，充分展现马克思主义理论的内在魅力以激发学生的求知欲。只有全面、准确地展现思想政治理论课教学内容的科学性和价值性，才会使学生信服真理、认同真理，真心信仰马克思主义。

思政课教材中的基本概念、基本原理，其语言强调规范而不可能追求生动鲜活，教学内容比较抽象。因此，思政课教师在讲授高校思想政治理论课的主要内容时，既要注重教学内容本身的理论阐述，又要紧密联系国家大政方针和学生日常生活实际，这样才能使大学生在分析和认识实际问题的过程中加深对理论的理解，才能把理论讲深、讲透、讲活，使大学生做到真学、真懂、真信、真用。而要做到这一点，教师既要广泛联系社会发展的实际情况，又要紧密结合学生个人的实际情况；既要能够将思政课的理论知识同社会实践结合起来，又要能够使思政课理论与实践的结合为学生所理解、接受、喜爱。

高校思想政治理论课除了强化理论教学外还要重视实践教学，要把思政小课堂同社会大课堂结合起来。高校思想政治理论课对理论的深层次理解和运用，需要实践教学的拓展。理论教学只能使学生获得间接经验，初步形成理论认知，要将间接经验转化为直接经验，将理论认知内化为行为能力和身心素质，就要通过实践活动来实现。所以，高校思想政治理论课要重视实践性，强化实践教学以提升教学效果。实践教学是理论教学的延伸，是走出书本感悟知识，其实质是对马克思主义理论知识的实践内化。实践教学可以从以下两方面开展，一是大学生结合教学内容进行校园日常生活调研。教师结合教材中的一些重要原理，联系当今热点问题，布置调研参考题，让大学生理论联系实际完成作业。马克思主义理论是从实践中来并被实践证明了的科学理论，只有联系实际才能真正学懂，也才能真正用好。生活调研的主题一般围绕着学生在学习、生活中感到困惑的问题进行，通常以学生自己申报、教师提出指导性意见的方式展开。在调研过程中，教师利用课余时间，通过面谈、邮件、电话或手机短信等方式，与大学生进行交流，回答大学生提出的问题，对大学生进行思想政治教育，并把解答问题与课堂教学内容结合起来，使学生获得更多的教学资源。二是大学生结合教学内容利用假日、课余时间进行社会调查、社会实践。社会实践是对课堂教学的延续和有效衔接。教师结合教材内容，确定大学生进行社会调查的题目。大学生进行社会调查后，写出调查报告。撰写调查报告要求运用所学到的思想政治理论知识对调研材料进行分析，归纳总结出调研结论。大学生通过调查、走访等各种形式，深入社会、深入生活，在实地考察调研过程中了解国情、了解社情、了解民情，从而深化对思想政治理论课教学内容的理解，提高分析问题、解决问题的能力。

总之，高校思想政治理论课教学要坚持理论性和实践性相统一。坚持理论性是坚持实践性的必要准备。没有理论教学，学生无法系统掌握马克思主义，无从依靠理论指导实践活动。在实践教学上，必须做到以思想政治理论指导学生的实践，让学生在实践中感悟理论。实践教学是理论教学的拓展和延伸，必须置于思想政治理论课课程体系视野下。实践教学可以使学生深入现实去发现、思考和解决问题，深化学生对课堂教学内容的理解和认识，提高大学生正确看待社会现象与解决社会问题的能力。

五、坚持统一性和多样性相统一

习近平总书记指出，思政课教学“要坚持统一性和多样性相统一”。高校思想政治理论课是大学生的必修课课程，由教育部规定统一使用马克思主义理论研究和建设工程编写的重点教材，在教学目标、课程设置、教学内容、教学管理和学分安排等方面有统一要求。这是高校思想政治理论课教学的立足点，是加强和改进思想政治理论课的基本前提。

除此之外，思想政治理论课教学还要坚持多样性，因地制宜、因时制宜、因材施教。一方面，思想政治理论课的政治性决定了教学目标、课程设置、教材使用、教学管理等方面的统一要求。思想政治理论课相关管理的统一性要求有助于实现思想政治理论课各种教育资源的最佳组合，各管理部门在学校党组织的统一领导下，齐抓共管，协调一致，形成合力，实现思想政治教育的综合效应，共同促进思想政治理论课实现教育教学目标。因此，对思想政治理论课实行统一管理是切实加强和改进高校思想政治理论课的根本保证。另一方面，由于高校类型、专业以及大学生个体对象的思想状况存在差异，高校思想政治理论课的教学必须针对不同类型的学校、不同类型的专业、不同的教学对象以及教学对象不同的思想情况和觉悟水平区别对待，因此应该按照有虚有实、有棱有角、有情有义、有滋有味的教学要求，开展具有特色的教学内容设计，因地制宜、因时制宜、因材施教。虽然教材是统一的，但是将教材转化为教学体系，具体的教学模式可以各具特色。高校思想政治理论课教学要在坚持统一性要求的基础上，根据学校情况、教师和学生的实际情况，在教学设计上增强教学内容的特色性，形成既有教师个性又有针对性的特色教学模式。

高校思想政治理论课教学的多样性还表现为教学方法多样性。思想政治理论课教师要灵活运用启发式教学法、案例教学法、专题教学法以及课堂讨论、演讲、辩论等教学方法。除此之外，思想政治理论课教师还要重视实践教学法，包括校园文化活动、日常生活调研、参观、社会调查、社会实践等。思想政治理论课教学既要体现统一性，又要根据具体情况因地制宜、因时制宜、因材施教，体现多样性。

总之，高校思想政治理论课的统一性保证思想政治理论课有共同原则、基本要求和教学目标，多样性使思想政治理论课教学过程丰富多彩，也使思想政治理论课教学富有生机和活力。统一性和多样性的关系是辩证统一、不可分割的，多样性是统一性存在的条件和基础，统一性寓于具体的多样性发展之中。新时代高校思想政治理论课必须处理好统一性与多样性的关系，既要明确高校思想政治理论课的教学目标和基本内容，又要在充分认识和把握大学生思想状况多样性和思想觉悟的基础上，确定多样性的具体教育目标和要求。根据教育对象的差异性区别对待，实现统一性和多样性相统一。

六、坚持主导性和主体性相统一

习近平总书记指出，思政课教学“要坚持主导性和主体性相统一”。高校思政课教学是教师的“教”和学生的“学”共同构成的双向互动过程，是师生在知识、思想、情感等方面的交流过程。因此，高校思政课教学离不开教师的主导，要坚持主导性和主体性相统一的原则。教师的主导作用要以学生的主体作用为目标，学生的主体作用要以教师的主导作用为指导，两者相互作用，是辩证统一的关系。办好思政课、讲好思政课、学好思政课要求教师与学生协同努力，形成合力。

高校思政课教师是思想政治理论课教学活动的组织者、设计者，在整个课堂教学过程中起主导作用。实现思政课教学目标，教师要以正确的观点、科学的态度引领学生，采用各种途径和方法调动学生的学习积极性。思政课教师要在备课环节上多下功夫，要正确领会教材体系的精神，找出教材的内在逻辑联系，把握教材体系的要义；要通过加强理论学习，掌握马克思主义中国化的最新理论成果；要以深入浅出的语言方式将文件语言转换成学生容易接受的课堂教学语言，从而使其融入思政课教学过程之中。思政课教师要将马克思主义发展史同经典文本中的段落章节和教材中的基本原理有机结合起来，带领学生在当下与历史的穿越中和大师对话，拓展学生学习马克思主义理论的深度和广度，解答学生关心的热点问题。思政课教师要直面社会热点问题，把握正确的政治方向，为学生答疑解惑，使思政课真正做到贴近社会、贴近现实、贴近生活。思政课教师在课堂上要旁征博引，做到以理服人，以自身的人格魅力、学识魅力引导学生，做学生健康成长的指导者和引路人。

提高思政课教学效果除了发挥教师的主导作用外，还要树立以学生为主体的教学理念，必须尊重并发挥学生的主体作用。以学生为主体，要求思政课教师进行课堂教学时要从学生的特点和接收能力的角度来设计和组织课堂教学，教学目标、教学内容、教学设计、教学反馈和评价等都需要紧紧围绕学生的精神需要、思想困惑来开展，要把学生作为教学活动的出发点，充分调动学生的学习自主性、参与性，使学生变被动学习为主动学习。思政课教师要了解当今青年人思想行为特点，通过建立微信群、QQ 群等手段平时与学生多交流，了解自己任课班级学生的思想状况，从而能够在课堂教学中有针对性地把教学内容与学生的思想状况紧密结合起来，为学生解惑释疑。思想政治理论课教师要想充分发挥学生主体作用，就要注意改进教学方法，增强课堂教学的吸引力，提高思想政治理论课的实效性。比如，运用以问题为导向的探究式教学法，通过开展课堂讨论把单向式教学变为双向式、互动式教学。探究式教学法可以有效调动学生学习的积极性与主动性。在思政课教学中，教师提出问题，引导学生分析、回答并解决问题，课堂教学良性互动，既体现了学生在课堂教学中的主体地位，又能实现教学目标；既能提高学生学习思政课的主动性和积极性，又能使大学生加深对教学内容的深刻理解，提高分析问题的能力，坚定马克思主义信仰。

总之，思政课教学坚持主导性和主体性相统一，就是要充分发挥教师的主导作用，有效激发学生的主体动力，最终创造出“以教师为主导”“以学生为主体”相融合的教学模式，以此形成教师讲好思政课、学生学好思政课的良好氛围。因此，思政课教师课堂教学要从学生的思想实际、生活实际出发，围绕学生主体地位的实现来设计教学，激发学生的学习兴趣，使学生积极主动地参与课堂教学。只有将教师主导作用的发挥和学生主体地位的体现统一于教学过程，使教师和学生在互动过程中密切配合，共同完成教学活动，才能营造一种和谐愉悦、良性互动的课堂氛围，真正让学生的学习由被动转向主动，进而提高思政课教学效果，实现立德树人的教育目标。

七、坚持灌输性和启发性相统一

习近平总书记指出，思政课教学“要坚持灌输性和启发性相统一”。高校思政课教学灌输式与启发式教学方法缺一不可，必须实现两者的融合，才能提高教学实效性。

灌输式教学是思政课最常见的一种教学方法。思政课教师有目的、有计划、系统地讲解思政课教学内容，完成教学任务，灌输式教学必不可少。思政课课程性质和内容具有理论性、抽象性、逻辑性等特点，不能仅依靠学生自发自觉地自主学习来掌握，还需要教师采用灌输的方法来教育。高校思想政治理论课教师要理直气壮、旗帜鲜明地对大学生进行社会主义意识形态的理论灌输，用科学理论武装大学生，用正确的舆论引导大学生。应当正确理解灌输式教学法，不能把灌输式教学法看作是填鸭式、注入式的生搬硬套和强加于人。高校思想政治理论课除了要加强正面的理论灌输外，还必须采用启发式教学，采取启发引导等方法帮助学生学好马克思主义理论。

启发式教学是思政课常见的一种教学方法。它是任课教师根据教学目标和教学内容，以启迪学生的思维为核心，以调动学生的学习主观能动性为宗旨，采取多种方式激发学生学习的积极性、主动性，引导大学生分析问题和解答问题，培养学生辩证思维能力和表达能力的一种教学方法。高校思政课教师要注重启发性教育，善于运用启发式教学，引导学生分析问题、思考问题，结合教材内容精心设计一些启发性问题，启发大学生积极思考，培养学生独立思考的良好习惯，并通过质疑、讨论去寻求解决问题的答案，提高学生科学、严密地思考问题的能力。教师在学生讨论回答问题的基础上引出结论，从而增强思想政治理论课的吸引力，使教学内容真正入脑、入心。

启发式教学对思政课教师的讲授提出了更高的要求。教师要精心备课，知识储备要有一定的广度和深度；教学内容要精练，语言要生动流畅，富有引导力、感染力；还要注意调动学生学习的主观能动性，使学生的情绪和思维都处在积极活跃的状态，能够争先恐后地参与课堂教学。思政课教师要综合运用多种启发形式，包括如下多种方式：对要讲授的内容先设疑提问启发思考，通过案例启发思考具体问题导入讲授的内容，通过一小段视频（五分钟内）启发思考导入讲授的内容，通过一句名家名言启发思考导入讲授的内容，通过对同类事物共同属性类比联想启发导入讲授的内容等。教师应当了解学生的听课兴趣，并以此为出发点，逐步过渡到用思想政治理论课的真理力量、逻辑力量让学生感悟到马克思主义的科学性和先进性，从而增强思政课教学的吸引力和感染力。

总之，高校思想政治理论课教师应坚持灌输性和启发性相统一，在进行理论灌输中渗透启发式教学，充分发挥学生的主体作用，创设良好的启发式教学环境。根据教学内容的需要和学生的思想实际，采取灵活多样的启发教学形式，调动学生学习的积极性和主动性，在不断启发中使学生豁然开朗。

八、坚持显性教育和隐性教育相统一

习近平总书记指出，思政课教学“要坚持显性教育和隐性教育相统一”。高校思想政治教育不仅要以思想政治理论课为主渠道，还要以人文社会科学等其他课程思想政治教育为补充。坚持显性教育和隐性教育相统一，就是坚持思想政治理论课与其他课程同向同行、百花齐放，协同改善高校课程教学，整体提升立德树人水平。

高校思想政治教育中的显性教育以直接正规的方式有计划、系统地对学生进行思想政治教育，它最大的特点就是以正面宣传为主，对学校而言，其主要表现形式就是课堂教学。思想政治理论课就是典型的显性教育。思想政治理论课以塑造和提高大学生的政治思想觉悟和道德素质为根本目的，发挥着思想政治教育的主导作用，是高校思想政治教育的主渠道主阵地。隐性教育以间接、侧面的手段进行思想政治教育，学生在参与学习其他课程或相关的活动中不知不觉地接受思

想政治教育，陶冶情操，提高思想觉悟。因此，要挖掘其他课程和教学方式中蕴含的思想政治教育资源。隐性教育采用熏陶、渗透式的教育方法，大学生在没有意识到自己受教育的过程中受到思想政治教育，进而达到潜移默化的教育目的。

人文社会科学等课程蕴含了丰富的思想政治教育资源。人文社会科学等课程教学在传授知识、弘扬人文精神的同时，也体现了人类追求的社会理想目标、价值观等，内含思想政治教育。人文社会科学等课程的教学要把教书与育人统一起来，要寓思想政治教育于人文社会科学等课程之中。要结合教学内容，以知识为载体，进行思想观念的“渗透”教育，要让大学生在接受人文社会科学等课程知识的过程中受到思想政治教育，促进大学生提高思想政治素质。寓思想政治教育于人文社会科学课程之中，就是将隐性教育渗透于显性教育中。所以，人文社会科学知识本身就涵盖思想政治教育的素材，蕴含思想政治教育资源，这需要教育工作者认真发掘，使学生掌握人文社会科学知识的同时接受思想政治教育。

新时代高校思想政治教育要坚持显性教育和隐性教育相统一，以思想政治理论课为主渠道，以挖掘人文社会科学等其他课程思想政治教育资源为补充，协同构建全员全程全方位育人的思想政治工作格局。这是高校立德树人的根本要求，是我国高等教育政策调整的必然要求，是大学生成长成才的时代要求。

总之，习近平总书记亲自主持召开学校思想政治理论课教师座谈会，同全国学校优秀思政课教师代表面对面谋划思政课建设大局，是建党、新中国成立以来的第一次，充分体现了对思政课和思政课教师的重视。党的领导和对思想政治理论课的高度重视为思政课建设提供了根本保证。习近平总书记在学校思想政治理论课教师座谈会上提出的“八个相统一”指明了思想政治理论课改革创新方向，为推进思政课建设提供了重要遵循。高校领导要切实将习近平总书记的重要讲话精神转化为办好学校思政课的工作思路和实际行动。高校思想政治理论课教师要深入学习贯彻落实座谈会精神，充分认识思想政治理论课在学校人才培养中所发挥的重要作用，切实增强自身的责任意识，坚持“八个相统一”原则，在促进教学内容更加丰富鲜活、教法方式更加多元生动、研究阐释更加精准有效上下功夫，切实增强思政课的思想性、理论性和亲和力、针对性，提高思想政治理论课的教学实效性。

第二章　为何融入？

我们党历来非常重视大学生政治信仰教育。2019 年 1 月，习近平总书记在省部级主要领导干部坚持底线思维着力防范化解重大风险专题研讨班上指出："要高度重视对青年一代的思想政治工作，完善思想政治工作体系，不断创新思想政治工作内容和形式，教育引导广大青年形成正确的世界观、人生观、价值观，增强中国特色社会主义道路、理论、制度、文化自信，确保青年一代成为社会主义建设者和接班人。"[①] 2016 年 7 月 1 日，在庆祝中国共产党成立 95 周年大会上的讲话中，习近平总书记指出："理论上清醒，政治上才能坚定。坚定的理想信念，必须建立在对马克思主义的深刻理解之上，建立在对历史规律的深刻把握之上。"[②] 实践证明，只有坚定政治信仰，追求和树立远大理想，才能始终不惧风险，不为任何干扰所惑，才能坚定不移地沿着中国特色社会主义方向勇往直前。

政治信仰是生活在特定社会历史条件下的社会群体或个人，对理想社会模式及其社会政治理论的笃信、追求与自觉。政治信仰植根于内心，以人的自我意识的生成为基础，扎根于社会，是现实生活的内化和人们道德人格的升华，借由内省产生，并依赖于人们心中的尊

---

① 《习近平在省部级主要领导干部坚持底线思维着力防范化解重大风险专题研讨班开班式上发表重要讲话强调　提高防控能力着力防范化解重大风险　保持经济持续健康发展社会大局稳定》，《人民日报》2019 年 1 月 22 日。

② 《习近平谈治国理政》第 2 卷，外文出版社 2017 年版，第 35 页。

崇。有无政治信仰或者信仰到什么程度，是一个社会成员是否参与政治生活以及参与到什么程度的重要依据。作为社会群体与个人的政治价值观，政治信仰对于推进政治社会化、统一社会意识形态、坚定社会发展方向起着重要的作用。

青年在任何社会中都是一个十分特殊的群体。他们思想活跃，容易接受新鲜事物，对未来充满了热情和幻想，任何有远见的民族都会把关注的目光投向青年。在中国，大学生又是青年中文化水平较高、政治基础较好的群体，他们的政治素质、政治信仰将直接影响中国社会未来的走向，影响国家的前途和命运。然而，随着时代主题的转换，当代大学生的学习重心由“思想至上”转移到“科技至上”“经济至上”，使得思想政治理论教育相对边缘化，其中，大学生政治信仰缺失已经是不容忽视的客观现象。在这样的背景之下，如何在新时期加强和改进大学生思想政治教育，引导他们树立正确的世界观、人生观和价值观，坚定正确的政治信仰，修身齐德、全面发展，已成为全社会共同关注的一个重要课题。思想政治理论课必须承担起坚定青年学生政治信仰，让青年学生学有所成，积极投身到全面建设社会主义现代化强国的伟大实践中的使命任务，把学生培养成为有理想、有道德、有文化、有纪律的社会主义合格建设者和可靠接班人。

第一节　当代大学生的政治观和政治行为

“中国大学生思想政治教育发展报告”是教育部哲学社会科学发展报告建设项目。沈壮海、王晓霞、王丹等著《中国大学生思想政治教育发展报告2017》（北京师范大学出版社2018年版）是在2017年4—5月全国范围内进行的以3500名大学生为样本的抽样调查基础上形成的研究成果，具有一定权威性。基于对调研数据的深入挖掘和科学分析，该报告多维度呈现了当代大学生思想政治状况的基本态势，真实反映了大学生对高校思想政治理论课、日常思想政治教育开展状况的认知和评判，为我们深入分析和把握大学生思想政治教育开展的现实状况与发展趋势提供了坚实的数据支持。

该项调查围绕大学生政治观念与行为，主要就中国特色社会主义道路、理论体系、指导思想、共同理想、政治制度、党的领导、入党意愿与动机、政治信任、政治参与等相关问题展开，描述了大学生对上述问题的基本认知状况，分析了不同大学生群体在政治认知和政治行为方面存在的差距和特征，探讨了网络、社会思潮、社会状况、社会信任、社会实践、思想政治理论课、生活满意度等相关因素对大学生政治观念与行为的具体影响。

一、政治观念与行为的基本情况

调查发现，大学生对参与民主选举、政治监督等政治行为表现得并不积极。相比往年，2017年大学生的政治观念和行为状况均有所改善，对中国特色社会主义道路、理论体系、政治制度、指导思想、共同理想、党的领导等持积极肯定态度的比例均有不同程度的上升，政治参与意愿也有所增强。调查发现，大学生对改革创新发展道路和中国特色社会主义道路的认同度最高，而三权分立是不是适合中国、我国能不能搞指导思想多元化依然是当前大学生较为困惑的问题。

二、政治观念与行为的影响因素

调查发现，除网络因素中大学生每天上网时长变量与大学生政治观念状况呈微弱的负相关外，社会信任、社会实践、对社会状况的看法、对思想政治理论课的评价、生活满意度等因素，均与大学生政治观念和行为呈现显著的正相关。其中，思想政治理论课的满意度、大学生对社会状况的看法以及社会实践因素与大学生政治观念和行为状况的关联性较强。

改善大学生政治观念和行为状况是一个系统工程。思想政治理论课、社会现实状况和社会实践状况是大学生政治观念和行为形成与发展的重要来源和影响因素。其中，思想政治理论课教学内容、政治民主和社会平等状况、社会实践的意愿是预测大学生政治观念和行为的重要指标。

三、思想政治教育、价值观认同、社会信任、社会状况与党的认同的关系

研究发现，大学生对社会状况的看法、对社会主义核心价值观的认同是思想政治教育增进大学生对党的认同的重要中介因素。思想政治理论课可以通过改善大学生对社会状况的看法、增进社会主义核心价值观认同，来提升大学生对党的认同度。而日常思想政治教育在提升大学生对党的认同度方面效果比思想政治理论课更明显。

数据分析结果表明，思想政治理论课和日常思想政治教育在优化大学生政治观念方面取得了一定成效，发挥着改善大学生对社会状况

的看法、提升大学生的社会信任度和社会主义核心价值观认同度的积极作用。从路径上看，日常思想政治教育的效果要好于思想政治理论课。

综上所述，当前大学生较为困惑的问题是“三权分立是不是适合中国”“我国能不能搞指导思想多元化”。影响大学生政治观念和行为的主要因素是思想政治理论课、社会现实状况和社会实践状况。从现实情况看，思想政治理论课的效果有待进一步提升。

第二节　思政课教学吸引力不足的原因分析

某种事物是否具有吸引力，既与事物本身的本质特征和外在表现形式有关系，也取决于主体的心理状态。这种心理状态既包括需求心理，也包括其他心理状态，如先定的心理偏见以及由于知识缺陷或信息不完全导致的心理盲从、重复性导致的心理拒斥、其他事物的心理诱导和短暂的心理快感等。思想政治理论课的吸引力能激发和调动学生学习和接受马克思主义理论的积极性与主动性，引导大学生树立科学的理想和信念，帮助大学生树立正确的世界观、人生观和价值观，以及提升道德修养、激发不断前进的动力。思想政治理论课有无吸引力或吸引力的大小，关系思想政治教育的实效性。高校思想政治理论课吸引力不足，既要从思想政治理论课本身入手，也要考察受教育者的心理状态对吸引力造成的影响。从大学生政治心理入手，探讨政治心理如何影响思想政治理论课的吸引力，进而探究增强政治理论课吸引力的方法，这对思想政治理论课的建设具有重要意义。

政治心理学主要研究政治活动与政治过程中的心理因素。政治心理是人们对政治现象和政治过程所持的态度、兴趣、情绪、愿望、要求，以及支配或调节人们的政治行为的一定心理倾向。[①] 政治心理是社会成员在政治社会化过程中对社会政治关系以及由此形成的政治行为、政治体系和政治现象等政治生活的各个方面的一种自发的心理反应，它主要由政治认知、政治情感、政治态度和政治动机等基本要素

---

① 参见王科：《政治心理学》，四川人民出版社1988年版，第3页。

构成。[①] 大学生政治心理是指大学生作为一种特殊的社会政治群体，在政治社会化过程中对社会政治关系以及由此而形成的政治行为、政治体系和政治现象等政治生活的各个方面的一种直观、具体、不定型、不系统的心理反应，表现为大学生们对社会政治生活某一特定方面的认知、情感、态度、情绪、兴趣、愿望和信念等。[②]

高校思想政治理论课作为大学生的公共必修课，是大学生成长教育的重要外部环境，也是大学生政治心理形成和发展的重要源泉之一。思想政治理论课的教育内容和输出的方式方法等对大学生政治意识、政治价值观和政治行为具有直接的影响作用，引导大学生政治心理朝着正确、积极、健康、向上的方向发展，影响大学生政治心理的成熟程度，进而影响大学生政治感受的敏锐性和鉴别力的高低；同时，对大学生政治个性的形成也产生了一定的影响。

大学生的政治心理状况制约着高校思想政治理论课的实施效果。认知心理学认为，人们的认知和心理活动极大影响人们对某一事物作出的判断和一定的行为选择。人的内在意识、内在认知可以解释和预见行为，并构成行为的重要基础。大学生政治心理状态直接影响思想政治的实际效果，影响着大学生对思想政治理论课的基本判断和看法，如政治不信任感、延伸至政治理论的质疑、政治偏激情绪的存在也深深影响着大学生对思想政治理论课的认识和判断。现实中大学生对思想政治教育的逆反心理已严重弱化了思想政治教育的功能，大学生政治心理发展对高校思想政治理论课内容提出了多种要求和挑战。

---

① 参见卢红、林宁：《政治文明建设与高校大学生政治心理的塑型》，《学术论坛》2005 年第 8 期。

② 参见赵宝新、赵丽新：《大学生政治心理的培养与优化》，《中国青年研究》2005 年第 7 期。

一方面，大学生的政治心理状况要求高校思想政治理论课教育内容必须有利于培养大学生积极健康的政治人格和政治信仰。另一方面，大学生的政治发展状况也要求高校思想政治理论课教育手段必须符合信息化、数字化、网络化的时代特点，必须与时俱进、不断创新。当代大学生独特的成长条件、环境和个性特点也要求高校思想政治理论课教育必须紧跟新一代大学生的个性心理特征，有的放矢。

思想政治理论课教学吸引力不足的原因主要包括以下三方面。

一、操作层面上，思想政治理论课在教学实施过程中存在重结果考核、轻过程监督的偏差

为增强高校思想政治理论课教学的针对性、实效性，很多高校都在尝试对教学内容、教学方法和教学手段进行改革，并取得了一定的成绩，积累了一定的经验，但是依然存在重结果考核、轻过程监督的偏差。这里所说的结果考核、过程监督，其对象既包含思想政治理论课教师，也包含思想政治理论课的各级各类高校的大学生受众。

很多高校在开学之初，一般都要求教师提交教学计划、教学大纲、教案、电子课件等文件。在学期结束之后，还要检查教师备课、听课、考试记录、学生对教师教学评价等方面的情况，似乎不存在忽视教学过程监督的问题。其实不然。教师是否真正执行了教学大纲的要求，对思想政治理论课课程内容体系、教学重点、难点、热点问题的把握处理是否到位，高校相关部门往往缺少纠偏、纠错机制，疏于过程监督，只有事后惩罚。有的教师为了减轻自己的工作负担，年复一年地使用过去的教案，一旦上级突击检查，就随便从网上下载一份教案应付了事。思想政治理论课特别是“概论”课的内容带有鲜明的时代性、政治性，有的教师完全出于个人偏好、兴趣、熟悉程度讲授，没有真正按照教学大纲规定的内容、进度实施教学，结果导致一

方面教师忽略了该门课程的价值导向，片面追求内容上的猎奇，另一方面，课程结束时讲授内容还未达到教学大纲要求的一半，学生对该门课程内容缺乏整体把握，必然影响“概论”课的整体教学效果。

有的高校对新开的“概论”课尝试进行实践教学环节的改革，期望增强课程吸引力。但就社会实践教学所要达到的目标来看，其实际效果不容乐观。据笔者调查发现，其实践教学环节的设计缺少目标要求、过程步骤和评价体系，且形式单一、随意性强。普遍做法是教师把学生分成若干个小组，给每个小组布置几个问题，选择其中的一个问题写一篇小论文，然后学生以小组为单元去查资料，在最后一节课的时候提交撰写的小论文，作为期末成绩的一部分。就该实践教学环节的流程来看，教师往往只重视学生最后是否提交了小论文这个结果，而对于学生在实践课时里是否收集了资料、进展程度如何、是否有疑难问题等缺少了解、监控、约束和解答。事后翻阅学生提交的小论文，发现很多学生都是直接从网络上下载、打印现成的文章，其成果基本上没有学生自己的调查、分析和思考。这种重结果考核、轻过程监督的放羊式实践教学在很多高校都或多或少存在。笔者认为，忽视过程监督的实践教学根本没有发挥它应有的作用，相反助长了学生投机取巧、不劳而获的心理，对学生未来的成长是十分不利的，与思想政治理论课要求培养学生正确的做人与做事的目标也是背道而驰的。

二、课程内容层面上，思想政治理论课的内容相对滞后及对现实问题的解释力不够

2022 年 3 月下旬，中宣部、教育部成立了高校思想政治理论课调研领导小组，组织了将近 9 个月的大规模调研。调研结果表明，高校思想政治理论课教育教学存在着一些亟待解决的新问题：公共理论课

的门数和课时比重偏多；在内容上各门课程之间有所交叉，与中学政治课重复较多；教学内容缺乏针对性；全国绝大多数省区市都有自编的思想政治理论课教材，质量不均衡等。这些已经严重影响了思想政治理论课教学的实效性。

“05 方案”课程改革中，把原来的 7 门课程调整为 4 门课程，每门课程只编一本教材全国通用，并尽量使教材贴近现实、贴近大学生思想实际、贴近当前大家关心的热点问题。比如，“概论”课新教材的内容一方面充分体现了马克思主义中国化的最新成果、中国特色社会主义实践的最新经验、马克思主义研究的最新进展；另一方面，在阐述马克思主义立场观点方法，帮助大学生把握人类社会发展规律、社会主义建设规律和执政党建设规律等方面下了很大的功夫。“概论”课新教材在教学体系设置上注重理论的系统性和完整性，理论界、学术界普遍反映这是一本高质量的教材。尽管如此，仍有一部分教师和学生反映“概论”课新教材的可读性、可用性不强，主要表现在两个方面：其一，赋予的现成结论太多，主要是一些文件汇编式的结论性概括，对社会现状和存在的问题关注得太少，对现实问题的解释力不够，留给学生思考并进行探索性求知的东西太少。再加之“概论”课的内容本身难以满足学生追求事业成功和人生幸福的需要，因此，教师如果不能着眼于对实际问题的理论思考，不能着眼于新的实践和新的发展、贴近时代、贴近学生思想实际，不能着眼于用理论科学分析、阐述、解决大学生所看、所感、所思及所经历的现实问题，而是仅仅满足于让学生识记一些基本概念、原理，用分数衡量学生的学习效果，那么“概论”课的政治功能、教育功能是很难发挥出来的。其二，教材内容上存在与中学政治课重复较多的问题。比如，高中《政治常识》中有关于人民代表大会制度、人民民主专政、中国共产党领导的多党合作和政治协商制度以及中国民族区域自治制度的论述。在大学阶段，“概论”课中又有该部分内容，且该部分内容无论在广度还是深度上并没有扩展、加深。由于内容重复且内容本身吸引力不强，教师如果不能从多个维度深化上述内容的教学，那么可能会使学生产生厌倦、抵触情绪，进而影响教学效果。

从教育对象来看，社会转型时期大学生学习的功利主义、实用主义倾向普遍比较明显，过于关注个人定位、自身价值的实现以及将来的就业去向，把主要精力大多用在有利于将来就业的专业课学习和外语水平的提高上，学习思想政治理论课的有效需求不足。此时，如果思想政治理论课教师因循守旧，缺乏对现实问题的敏锐性，不能结合变化的现实准确、恰当、科学地阐发，在课堂上讲授的东西与社会现实存在太大的反差可能会导致武东生教授所概括的“一个假期颠覆一个学期”的现象：在课堂上，教师把一些道理阐述解释得很好，学生也能接受；可学生假期回家接触到社会现实的东西后，就会发现这些理论和现实社会实际起作用的价值体系是相背离的。与其这样，不如把实际情况告诉学生，让他们更真实地认识社会。如果思想政治理论课教师只注重理论灌输，忽视释疑解惑和能力培养，只注重教学的政治性，对教学内容的科学含量和知识的科学性、发展性、真理性供给不足，就很可能会加剧学生对思想政治理论课的困惑、厌倦、排斥甚至反感，大大削弱思想政治理论课的吸引力。

三、教师能力层面上，思想政治理论课教师的能力有待进一步提高

教育部社科司负责人在接受媒体采访时曾表示，思想政治理论课教学效果的好坏，关键在于教师的理论功底和教学艺术，教师队伍如

果不行，教材再好也很难达到理想的教学效果。清华大学的蔡乐苏老师认为，要上好思想政治理论课，必须具备两个基础：一是良好的现实社会环境，告诉学生真实的社会现实，使学生不至于太逆反；二是深厚的文化知识，使学生不至于受蒙蔽。很多大学生也表示，他们听不听思想政治理论课，多半取决于任课老师讲得好不好。理论功底深厚、知识渊博、教学水平高、所选择的材料跟他们关心的实际问题切合、讲得有意思的老师，大家还是爱听其讲课的；而一个水平一般的老师，自然不能吸引学生的注意力。可见，提高思想政治理论课的实效性，教师因素尤为关键。思想政治理论课教师个人思想政治素质的高低、道德修养的好坏、知识的多寡、能力的强弱直接影响到学生对该门课的认知、情感、态度和接受程度。尽管思想政治理论课课程内容比较枯燥，与学生专业知识的学习也没什么直接联系，但是有很多学生是从喜欢、欣赏、崇拜某个思想政治理论课教师教学所展现的丰富知识、良好的修养和高尚的人格魅力而慢慢喜欢上教师所教授的那门课的。

大学生对思想政治理论课教师的角色期待比对专业课教师的角色期待更高。学生们认为，思想政治理论课教师首先要有人格魅力。他们希望思想政治理论课教师不仅是知识的传授者，把关于思想、政治的相关理论和知识融入学生的实际生活中，更是社会主流价值观的实践者，在引导学生形成正确的世界观、人生观、价值观、政治观时，带头践行社会主流的道德标准、价值观念、行为规范和政治准则；不仅是问题的解惑者，帮助学生理解教学内容、澄清是非、释疑解惑，更是马克思主义信仰的实践者，学生会通过教师的一言一行来解读教师本人对马克思主义信仰的实践程度。其次，学生认为思想政治理论课教师要善于调动学生积极性，注重与学生的沟通，在教学过程中要以平和的心态、平等的口吻、平实的风格面对学生，让他们实现从被动听讲到主动参与的转变，在学习中思考、在思考中进步。因此，作为思想政治理论课教师，如果自身理论功底不深、学术素养不高、对社会现实问题的分析不到位，如果自身马克思主义信仰不坚定、对大是大非问题态度不鲜明，如果理论联系实际少、讲授的知识太过理论化，如果品德败坏、言行不一、观念偏激、自己缺少灵魂，如果考核模式太死板、学生的思想政治素质全靠分数来衡量，等等，那很难赢得学生的认同，取得良好的教学效果。

大学生对思想政治理论课教师的角色期待很高，然而很多思想政治理论课教师对自身的角色认同不高。长期以来，部分教师对思想政治理论课的性质、定位及功能的认识有偏差，认为思想政治理论课是政治，不是科学也不是学术，因而觉得从事思想政治理论课教学低人一等，缺少成就感；认为思想政治理论课教师岗位是可有可无、打杂工的岗位，把自己仅仅当作党和国家政策的传声筒，因而不愿意把精力用于教学方面，没有真正承担起名副其实的灵魂工程师的职责，失去培养人才的明确方向，轻视乃至放弃教学这一培育人才的主要途径，在教学上敷衍了事、不负责任，疏于课堂教学管理，满足于混日子、定位为教书匠的角色。

大学生对思想政治理论课教师的角色期待与教师对自身的角色认同在一定程度上发生角色伴侣错位，势必影响思想政治理论课的教学引力。一般来说，两个互相对应的角色便互为角色伴侣。取得角色伴侣相应的积极反应，是一切角色行为的目标。只有在角色伴侣之间形成积极的角色互动，才能成功扮演好自己的社会角色。在思想政治理论课教学过程中，教师与学生互相构成角色伴侣。角色伴侣的期待会在角色担负者心理上造成一种实现角色义务和权利的内驱力。比如，学生作为思想政治理论课教师的角色伴侣，希望从教师身上学到的不仅仅是马克思主义理论的基本知识，更有高尚的人格、进步的观念以及健全的心态，这就要求思想政治理论课教师不断更新知识、强化修养、完善人格以满足学生的需求。思想政治理论课教师面对的角色伴侣虽然与其他专业课教师面对的角色伴侣同样都是大学生，但由于教学内容、目的和要求的不同，使得思想政治理论课教师与角色伴侣的积极角色互动比较困难。时代造就了大学生，开放宽松的社会环境赋予他们新观念、新知识，但也使他们存在一些弱点和片面性。他们阅历疏浅、经验不足，缺乏生活锻炼和环境磨炼，在思想观念和价值取向上重物质轻精神。这些都增添了思想政治理论课教学的难度。特别是在市场经济条件下，大学生的生活方式、价值取向、思维方式和文化观念等出现了各种变化，隐含着各种思想观念、意识形态、道德价值观的交锋和冲突，在交锋和冲突面前何去何从、如何取舍，极易产生困惑和迷茫，增加了思想政治理论课教师成功扮演知识的传授者、社会道德的实践者、疑难问题的解答者、马克思主义信仰的实践者和灵魂的塑造者等多种角色的难度。同时，传统的思想政治教学往往强调其政治功能，关注学生的政治方向和思想品德，在经济全球化和社会转型时期如果教师还仅仅局限于此，显然不能满足社会和受教育者自身发展的需要。

第三节 政治信仰教育建立在理性认知基础之上

政治信仰是“生活在特定历史条件下的社会群体或社会个人对理想社会模式及其社会政治理论坚定不移的相信和追求”①。它是社会群体和个人关于政治生活和社会理想的信仰，反映的是政治价值取向。政治信仰教育是世界各国普遍进行的教育实践活动，其目标就是要达成对本国社会模式及政治理论的认同，并最终形成个人和群体在社会形态思想上的终极关怀和价值取向。政治信仰教育是从思想的终极意义上来开展的政治教育，其目的就是要达成个体或群体的政治信仰。政治信仰教育与政治教育也有一定的区别。政治教育的内容涵盖所有关涉政治的方面，而这里的政治信仰教育只是政治教育中关涉社会政治制度中最根本的社会制度模式方面，是大学生关于所生活的未来社会模式愿景上的终极关怀。

从本质上讲，思想政治教育就是政治信仰教育，因为“它的终极价值在于使占统治地位阶级的意识形态触及人的灵魂深处，从而帮助人们培养和确立政治信仰，并由政治信仰来指导人们的实际活动”②。这些教育中都贯穿着对所在国家社会模式和政治制度的态度和价值取向，也就是意识形态的教育，即政治信仰教育。

综上所述，我们可以得出一个结论：在肯定大学生政治信仰主流

① 刘建军等：《信仰的呼唤——社会主义市场经济条件下的信仰问题研究》，人民出版社 2011 年版，第 3 页。

② 王孝如、王立仁：《思想政治教育的本质是政治信仰教育》，《思想教育研究》2015 年第 10 期。

健康、积极的同时，也应明确其存在相当程度的政治信仰缺失和政治信仰危机（政治信仰边缘化）。

如邓小平所言："如果我们不是马克思主义者，没有对马克思主义的充分信仰，或者不是把马克思主义同中国自己的实际相结合，走自己的道路，中国革命就搞不成功。"[①] 我们要坚定信念，对大学生进行思想政治理论教育。

其一，在观念上正确理解社会主义是对大学生进行中国特色社会主义政治信仰教育的前提和基础。中国特色社会主义理论体系是马克思主义基本原理与中国具体实际相结合的产物，它体现了矛盾的普遍性和特殊性关系的原理。关于社会主义的基本理论原则和方法是我们必须坚持的，但各国不同时代的社会主义实践是千差万别的，中国特色正是这一特点的体现。同时，在坚持马克思主义科学方法和思维逻辑的基础上，充分吸收最新的自然科学和社会科学成果来发展社会主义成为必然的选择。

其二，在中国特色社会主义理论指导下成功进行社会主义现代化建设是对大学生进行政治信仰教育的关键因素和取得成效的根本条件。坚持以科学的态度对待中国特色社会主义，善于吸收和接纳一切有益于中国特色社会主义的因素，为我所用以保证其科学性，是我们的应有态度。人们对一种社会制度理论的信仰，首先是要在主观上认为这种社会制度理论是正确的。对于具有较高知识水平的大学生而言，更应当以正确的理论、以真理的力量来说服他们。当然，正确的社会政治理论要真正被信仰，根本上取决于这一理论被付诸实践及其所产生的效果。

---

① 《邓小平文选》第3卷，人民出版社1993年版，第63页。

其三，中国共产党自身的形象是对大学生进行政治信仰教育的唯一载体。苏联成立到解体前，苏联共产党的形象是一步步走向下坡路，最终为老百姓所抛弃。由列宁时期的深得人民拥护到斯大林时期肃反扩大化再到 20 世纪 70 年代各种特权、贪污和腐败成风，人民由充分信任到怀疑再到不满和愤慨，由此对社会主义的基本理论也不再相信。这一教训是极其惨痛的。共产党是社会主义事业的核心，是社会主义政治信仰的具体承担者和载体。党的形象是党的生命，它直接影响到人们对社会主义的信仰。中国的社会主义之所以能够吸引人民并取得人民的信任，就在于历代中国共产党人真正代表人民的利益。所以，邓小平认为："越是困难的时候，越要关心群众。只要你关心群众，同群众打成一片，不仅不搞特殊化，而且同群众一块吃苦，任何问题都容易解决，任何困难都能够克服。"① 这也就是 20 世纪 50 年代末全国三年困难时期，在极端困难条件下人民群众对党仍然那么信任，党仍然有那么高的号召力的根本原因。

其四，遵循教育的基本规律是大学生政治信仰教育实效性的重要条件。苏联对大学生政治信仰教育一直采取强制灌输的方式，严重违背了教育规律，不符合大学生的认知特点，其效果可想而知。如何做到教育内容的科学性、方法手段的多样性和灵活性、贴合大学生实际，是一个需要深入探讨的问题。

其五，坚持信仰自由的原则，以中国特色社会主义的真理性克服或正确对待各种社会思潮。毫无疑问，现代化建设必须以中国特色社会主义理论为指导，也必须用这一理论来武装广大人民，尤其要加强对当代大学生的社会主义教育，以形成正确的政治价值观和政治信

① 《邓小平文选》第 2 卷，人民出版社 1994 年版，第 228 页。

仰。但是，我们同时应当清醒地看到以下两点：第一，思想问题的解决尤其是政治价值观的形成是一个理论的说服与实践的佐证互动的过程，并且是渐进的；第二，在任何一个社会形态中，只要存在多元的社会经济结构，就必然存在多元的社会意识或社会思潮。也就是说，在主流意识形态之外总是存在多样的社会思想文化。因此，社会主义社会应当充分发挥社会主义主流意识形态的领导作用。换言之，就是要以一元化体现社会主义本质的核心价值观引领多元化的社会思潮。在此基础上，要依照马克思主义观点，贯彻信仰自由的方针，无论是宗教信仰还是世俗信仰，对于思想意识领域而言，自由选择的权利是符合社会主义特征的。但同时，权利永远不能超出社会的经济结构以及由经济结构所制约的社会文化发展，人们的信仰自由只能受约束于社会经济所决定的社会文化的发展。从马克思主义科学社会主义发展的历程看，正是在与各种形形色色的社会思潮的不断争论和斗争中，科学社会主义理论才脱颖而出，由空想变为现实，由一国变为多国，走过了170多年的风雨历程而愈加显示出其真理性。所以，要长久保持人们对社会主义的信仰，就需要推动社会主义理论不断与时俱进，不断与其他形形色色的社会思潮相互自由竞争论战，用真理的力量来说服人们，在发展中吸引人们，从而达到坚定正确的政治信仰的目的。

第三章　融入什么？

推动思想政治理论课改革创新，要坚持以问题为导向和以学生为中心。提高思想政治理论课实效性的关键是改革教学内容，思政教学内容改革与拓展有众多的研究视角，其中国家治理现代化是一个非常新颖的角度。国家治理现代化理论为思想政治教育发展引领方向并充实新内容，国家治理现代化视域下思政课程创新发展的比较优势有更强大的解释力和全局性、学理性。

第一节　提高思想政治理论课实效性的关键是改革教学内容

根据教育部哲学社会科学发展报告建设项目“中国大学生思想政治教育发展报告”的整体规划，2014—2018 年，沈壮海等人在国内一些高校对思想政治理论课的建设状况进行了滚动调查。2014 年，此课题调查对象为全国 30 所高校的 3000 名大学生，2015—2017 年在 2014 年的基础上扩展至 35 所高校的 3500 名大学生，2018 年又扩展至 40 所高校的 4000 名大学生。2018 年的调查显示，大学生认为影响思想政治教育成效的首位因素中，教育内容（22.3%）排在第一位。大学生对改进教学内容的建议，反映了其对提升思想政治教育成效的期盼，也是加强和改进思想政治理论课教学的重要参考。近年来的调研数据显示，大学生对改进思想政治理论课教学的建议比较集中，在教学内容方面集中在“密切与现实生活的联系”和“积极回应理论热点问题”两点。①

推动思想政治理论课改革创新，要坚持以问题为导向和以学生为中心。近年来思想政治理论课建设虽然成效显著，但也存在一些需要重点关注的问题。前述 2018 年的调查显示，大学生对教学内容的评价呈现显著差异，满意度最高与最低的省份之间相差近 20 个百分点。教学内容的改进是思想政治理论课改革创新的重要方面。大学生对改进教学内容的建议反映了他们对改进思想政治理论课建设的诉求和意愿，也是思想政治理论课改革创新的重要参考。正如习近平总书记所言，推动思想政治理论课改革创新，要不断增强思政课的思想性、理论性和亲和力、针对性。一方面，改进教学内容要注重增强思想性、理论性。思想政治理论课教学要坚持用马克思主义理论武装头脑，用习近平新时代中国特色社会主义思想铸魂育人，要坚持“以透彻的学理分析回应学生，以彻底的思想理论说服学生，用真理的强大力量引导学生”，这样才能更好地在大学生成长成才过程中解疑释惑，才能使大学生想学爱学乐学、真懂真信真用。另一方面，改进教学内容要注重增强亲和力、针对性。积极采用案例分析、小组讨论、角色扮演等多种教学方法，激发学生的学习兴趣，提高课堂互动性；注重启发式教学，引导学生主动思考，培养他们的思辨能力和批判性思维，在提高学生的学习兴趣和参与度中更好地实现思想政治教育的目标。

提高思想政治理论课实效性的关键是改革教学内容，完成教材体

---

① 参见刘晓亮、沈壮海：《关键课程发挥关键作用——基于 2014—2018 年高校思想政治理论课建设调查数据的分析》，《中国高等教育》2019 年第 9 期。

系向教学体系的科学转化。[①] 教材体系是教学的基础，教学体系是教学的关键。经验告诉我们，编写思想政治理论课教材体系难，而将思想政治理论课教材体系转化为教学体系更难。这不仅因为思想政治理论课教学体系涉及的教学环境更为具体复杂、教学难题更多，更因为思想政治理论课教学体系要说服学生，让学生接受并转化为学生的信念和品德，其难度可想而知。

教材指用于教学目的的由各种载体所表现的材料，如文字类、影像类、实物类、多媒体类等。它是课程的具体表现形式之一，包括教学目标、学习内容等。教材体系指某一门或某一类课程的各种类型和形式的教材系统，它是某一门或某一类课程的教学目的和标准的载体系统，如核心教材（可称教科书）、教学指导书、教学参考书、学习参考书、教学案例分析等。

教学指以课程和教材内容、教学手段等为中介的师生主体双方的教与学的共同活动，是实现课程标准的基本途径。教学体系指由教学主体（主要指教师和教学组织）设计的使各种教学要素朝实现教学目标的合理组合，是统一运作的有机系统。教学要素指构成教学活动中既独立又联系的基本实体成分，如教学主体（教师与学生）、教学目标和内容、教材与其他教学资源、教学活动、教学（教学与学习）评价与反馈、教学制度与管理。

教材体系是课程目标和内容的载体，是为实现课程标准服务的。但它的作用和功能是潜在的，本身不能自发地实现作用和功能。教材体系的作用和功能必须依靠教学体系来发挥。教材体系的作用和功能能否发挥、能发挥多少，主要取决于教学体系的设计和运作，即取决

---

① 参见陈秉公：《试论思想政治理论课教材体系向教学体系转化的规律性》，《思想理论教育导刊》2008 年第 9 期。

于课程实施过程的第二次转化和飞跃。教学体系是师生深入解读、理解教材体系的基本途径和方式。一般而言，仅有教材体系而没有科学完备的教学体系，就无法实现教材体系的作用和功能，往往表现为课程实施过程的中断或课程标准的偏离。

教材体系向教学体系转化是教学主体对课程的再创造。课程实施过程是思想政治理论课任课教师对教材的再次创造。教学体系实施过程是根据环境和学生的实际对教材的深入解读和再创造，它要面对每一个大学生，面对可能随时改变的环境以及实践和理论的发展变化。内容体系是既定的，又是开放的，因而是更为复杂和艰难的创造。而任课教师对教学内容的控制与表达就是再次创造的关键，能否“密切与现实生活联系”和“积极回应理论热点问题”则是实现思想政治理论课实效性的关键。

第二节 思政教学内容改革与拓展的众多研究视角

中央审定的教材规定了思政教学的基本内容和基本观点。思政教学工作者在梳理教材内容的基础上，把众多有益于提高教学实效性的思想融入高校思政教育中，完成教材体系向教学体系的转化。

有众多学者对思政教学内容的改革与拓展进行了研究，也产生了大批的成果。主要的研究视角有党的理论创新成果（如和谐社会思想、社会主义核心价值观、群众路线、“六个为什么”、十八大和十九大精神、“中国梦”、“四个全面”、“四个自信”、五大发展理念、习近平系列讲话精神、人类命运共同体、总体国家安全观等）融入思政教学视角，中华优秀传统文化融入思政教学视角，红色文化（如长征精神、井冈山精神、延安精神、红船精神、西柏坡精神、苏区精神、抗战精神、沂蒙精神等）融入思政教学视角，区域特色文化（如齐鲁文化、三晋文化、潮汕文化、岭南文化、巴蜀文化、河洛文化等）融入思政教学视角，其他理念（如劳模精神、工匠精神、行业精神、网络文化、经典原著育人理念、公平正义理念、新闻时事、大学生廉洁教育、人文关怀特别是生命教育等）融入思政教学视角。以上众多研究中，系统成果较多的是社会主义核心价值观和中华优秀传统文化的融入。众多著作、论文主要论述挖掘社会主义核心价值观和中华优秀传统文化中的思想政治教育资源，探讨将其中的有益思想融入思政教育教学的路径、方式和方法。

一、党的理论创新成果视角

这类研究与时俱进，把党的重大理论创新融入高校思政教育中，主要有和谐社会思想[①]、社会主义核心价值观[②]、群众路线[③]、“六个为什么”[④]、十八大[⑤]和十九大精神[⑥]、“中国梦”[⑦]、“四个全面”[⑧]、“四个自信”[⑨]、五大发展理念[⑩]、习近平系列讲话精神[⑪]、人类命运共

---

① 参见张真：《以构建和谐社会的视野探索高校思政工作》，《福建工程学院学报》2006 年第 5 期。

② 参见张雷声：《把社会主义核心价值体系融入思想政治理论课的教育教学》，《高校理论战线》2012 年第 4 期。

③ 参见常丹：《以学生为本：群众路线融入高校思想政治理论课教学创新的思考》，《教师》2016 年第 26 期；黄华平：《党的群众路线思想融入高校思想政治理论课教学的路径探析》，《西安建筑科技大学学报》（社会科学版）2017 年第 2 期。

④ 参见张国：《“六个为什么”融入高校思想政治理论课教学初探》，《长春理工大学学报》2011 年第 3 期。

⑤ 参见梁庆婷、陈伟：《在高校思想政治理论课教学中融入十八大精神的思考》，《四川职业技术学院学报》2014 年第 1 期。

⑥ 参见吕飞、卢文丽：《十九大精神融入高校思想政治理论课教学的实效性研究——基于肯尼斯·伯克的认同理论视角》，《辽宁农业职业技术学院学报》2018 年第 5 期。

⑦ 参见徐春妹：《“中国梦”融入高校思想政治理论课教学的探讨——以“毛泽东思想和中国特色社会主义理论体系概论”课为例》，《福建教育学院学报》2015 年第 1 期；王文峰：《中国梦融入高校思想政治理论课教学策略探究——以中国近现代史纲要课为例》，《重庆科技学院学报》（社会科学版）2017 年第 5 期。

⑧ 参见陈水勇：《“四个全面”融入高校思想政治理论课教学探究》，《思想政治课研究》2017 年第 3 期。

⑨ 参见潘学良：《关于“四个自信”教育贯穿高校思想政治理论课教学全过程的思考》，《思想理论教育导刊》2016 年第 10 期。

⑩ 参见蓝佛胜：《论五大发展理念引领高校思政理论课教学的多维审视》，《攀枝花学院学报》2016 年第 1 期。

⑪ 参见聂启元：《习近平系列“讲话”精神融入高校思想政治理论课教学体系的思考》，《滁州职业技术学院学报》2017 年第 4 期。

同体[①]、总体国家安全观[②]、“四史”教育[③]等。其中，和谐社会思想、社会主义核心价值观和中国梦融入思政教育的研究成果较多也较为系统。

一是和谐社会思想融入思想政治理论课。“社会和谐是中国特色社会主义的本质属性，是实现国家富强、民族振兴、人民幸福的重要保证，是我们党不懈奋斗的目标。”[④] 高校思政课是为党育人、为国育才的关键课程，在建设社会主义和谐社会的伟大实践中具有不可替代的作用。因此，高校思政课教师应把构建和谐社会的文化和理念贯穿到思政课教学中，促进大学生德智体美劳全面和谐发展。为此，众多学者在思政课教学改革中进行了一些力所能及的探索。较早的研究成果有李璐娇在2007年发表的《和谐视野下高校思想政治理论课教学改革的思考与实践》，朱凤琴、高璐在2008年发表的《和谐视阈中思想政治理论课教学模式建构的若干思考》，杨松在2008年发表的《用和谐理念推动和深化高校思想政治理论课教学》等。

二是社会主义核心价值观融入思想政治理论课。建设社会主义核心价值体系是建设社会主义文化强国的根本任务。在高校，把社会主义核心价值体系融入思想政治理论课的教育教学，提升大学生的思想政治素质和思想道德素质，对建设社会主义文化强国有着深远的意

---

① 参见阎静、冯天润：《高校思想政治理论课融入“人类命运共同体”理念教学探索》，《改革与开放》2017年第23期。

② 参见王红梅：《总体国家安全观融入高校思想政治理论课教学的路径探索》，《学校党建与思想教育》2018年第16期。

③ 参见崔德华：《“四史”教育融入高校思想政治理论课教学的探索》，《阿坝师范学院学报》2021年第4期。

④ 《为构建社会主义和谐社会努力奋斗（社论）》，《人民日报》2006年10月12日。

义。把社会主义核心价值体系融入思想政治理论课的教育教学，必须增强大学生在多元文化环境下对社会主义核心价值体系的认同，必须加强思想政治理论课教师对社会主义核心价值体系的研究，必须把握社会主义核心价值体系教育的完整性。代表性成果有张雷声发表的《把社会主义核心价值体系融入思想政治理论课的教育教学》等。

三是“中国梦”融入思想政治理论课。2012 年 11 月，习近平总书记和新一届领导集体在参观国家博物馆陈列的《复兴之路》展览时首次正式提出了“中国梦”。“中国梦”的核心内涵是实现国家富强、民族振兴、人民幸福。2013 年新修订的高校思想政治理论课教材增加了有关“中国梦”的内容。但是，作为思想政治理论课教师，仅仅停留在教材中所涉及的有关“中国梦”的内容教学是远远不够的。将“中国梦”自然地融入思想政治理论课教学，是高校思想政治教育工作者亟待研究和解决的重要课题，如杨舟的《“中国梦”主题融入高校思想政治理论课教学的难点分析》，徐春妹的《“中国梦”融入高校思想政治理论课教学的探讨——以“毛泽东思想和中国特色社会主义理论体系概论”课为例》，王文峰的《中国梦融入高校思想政治理论课教学策略探究——以中国近现代史纲要课为例》等。

与时俱进是中国共产党屹立于世界之巅的根本，党的理论创新是我党的生命源泉，不断创新的理论既指导着我们不断取得胜利，同时也是我们做好学校思想政治理论教育的基础。不断创新的理论，能够解释民众和学生与实际密切相关的理论热点问题，更能够帮助青年学生加强对党的理性认同，我们应该做好把党的最新理论成果融入思想政治理论课程的工作。国家治理现代化理论是习近平新时代中国特色社会主义思想的重要内容，是实现“两个一百年”奋斗目标的保障，指引我们在改革中攻坚克难。因此，我们更应该将其融入思想政治理论课中。

二、红色文化视角

红色文化是长期革命斗争中形成的宝贵精神财富，对大学生的思想政治教育有重要启示[①]，主要包括长征精神[②]、井冈山精神[③]、延安精神[④]、红船精神[⑤]、西柏坡精神[⑥]、苏区精神[⑦]、抗战精神[⑧]、沂蒙精神[⑨]等。

新世纪新阶段，由于国内外诸因素的影响，我国意识形态领域呈现日益复杂的局面。面对新形势，思想政治教育必须与时俱进，合理开发利用各类思想政治教育资源，在继承和发扬优良传统的基础上开拓创新，不断提升人们的思想素质、政治觉悟和道德水平。红色资源是中国共产党及其领导的中国人民在革命、建设和改革的实践中共同创造的宝贵思想政治教育资源，充分展现了我们党在理论和实践上的

---

① 参见李康平：《论红色资源在思想政治理论课运用的价值与路径》，《思想理论教育导刊》2010 年第 4 期；李霞：《论红色资源在思想政治教育中的应用》，中南大学博士学位论文，2013 年。

② 参见张学昌、谷照亮：《长征精神融入当代大学生价值观教育探析》，《毛泽东思想研究》2013 年第 6 期。

③ 参见潘国和：《论井冈山精神对青少年思政教育的意义》，《现代商贸工业》2007 年第 11 期。

④ 参见傅龙华：《浅谈在高职思政课中弘扬延安精神的现实价值》，《湘潮》2011 年第 11 期。

⑤ 参见钱超：《“红船精神”在高校思想政治教育中的价值研究》，浙江理工大学硕士学位论文，2016 年。

⑥ 参见邱春英：《西柏坡精神与当代思想政治教育研究》，云南师范大学硕士学位论文，2014 年。

⑦ 参见谢建平：《苏区精神历史地位探微》，《福建党史月刊》2011 年第 10 期。

⑧ 参见王磊：《抗战精神的思想政治教育价值及其实现路径》，《滨州学院学报》2016 年第 3 期。

⑨ 参见于维华、李培苍：《临沂大学红色文化育人工程研究——兼论红色文化资源整合与作用发挥》，《临沂大学学报》2012 年第 1 期。

革命性、先进性，充分展现了人民群众的主体地位和首创精神，充分展现了党与人民群众的血肉联系、鱼水情深。它是历史与现实、理论与实践、继承与创新相结合的典范。红色资源在思想政治教育中的应用，是我们创新思想政治教育内容、方法、载体、环境，增强思想政治教育针对性、实效性与吸引力、感染力的重要举措，也是继承革命传统、弘扬革命精神、传播红色文化的历史任务，更是维护党的执政安全、做好党的意识形态工作的现实需要。

三、中华优秀传统文化视角

该角度系统性成果较多，著作有王易的《传统文化与思想政治教育创新》、邓球柏的《中国传统文化与思想政治教育》、顾友仁的《中国传统文化与思想政治教育的创新》、徐永春的《中国传统文化与思想政治教育》等。这些研究挖掘传统文化中的思想政治教育资源，探讨传统文化融入思政教育的路径、方式和方法。

中国是一个文明古国，有着灿烂辉煌的传统文化。这些传统文化已经深深地融入中华民族的思想意识和行为规范中，内化为人们的一种心理和性格，并渗透到社会政治、经济特别是精神生活的各个领域，成为制约人的思想形成和发展的重要力量。对于思想政治教育特别是新时期的思想政治教育来说，中国传统文化是用之不竭的重要资源。因此，作为一门提高人的文化素质、培养健康完善人格、促进人的全面发展的教育学科，思想政治教育能否真正发挥自己的优势，其关键环节在于能否从中华优秀传统文化中汲取营养，使其在自身内容的建构上具有丰富的文化内涵、文化品位和文化精神，以与整个社会文化发展目标保持一致。

四、区域特色文化视角

高校思政课充分利用学校所在区域的地方特色文化，有利于调动学生的学习积极性，提升教育教学的实效性[①]，如齐鲁文化[②]、三晋文化[③]、潮汕文化[④]、岭南文化[⑤]、巴蜀文化[⑥]、河洛文化[⑦]等。

五、网络资源视角

网络资源不同于传统的印刷媒体，即时、丰富并以微博、微信等新媒体传播方式逐渐融入人们的生活且影响巨大。思政课教学要充分利用新媒体技术提高课堂效果，也必须将网络资源融入教学中[⑧]。

六、其他视角

其他研究视角的成果如经典原著育人理念[⑨]、劳模精神[⑩]、工匠

---

① 参见杨越明：《地方特色文化资源融入高校思政课实践教学的探索》，《大学教育》2019 年第 1 期。

② 参见李寒梅：《齐鲁文化融入思想政治理论课的实践逻辑》，《齐鲁师范学院学报》2017 年第 1 期。

③ 参见张华：《三晋文化化人功能与高校思想政治教育育人功能的互补性研究》，太原理工大学硕士学位论文，2018 年。

④ 参见陈丽华：《地方文化资源融入高校思想政治理论课教学探讨——以“潮汕文化”为例》，《韩山师范学院学报》2016 年第 2 期。

⑤ 参见刘利华：《区域文化视阈下的岭南文化和高校思想政治教育的衔接》，《理论月刊》2009 年第 8 期。

⑥ 参见文艺：《巴蜀文化视角下的高校思想政治理论课教学探索》，《课程教育研究》2017 年第 7 期。

⑦ 参见曹自立：《河洛文化视域下的大学生隐性思想教育实践》，《洛阳师范学院学报》2016 年第 6 期。

⑧ 参见谢丽娴：《大数据时代高职思想政治理论课网络教学资源的整合》，《思想理论教育导刊》2015 年第 7 期。

⑨ 参见邢起龙：《以经典原著育人理念引导高校思想政治理论课教学》，《渭南师范学院学报》2015 年第 12 期。

⑩ 参见丁建安：《简论劳模精神与大学生思想政治教育》，《中国劳动关系学院学报》2014 年第 1 期。

精神[①]、行业精神[②]、公平正义理念[③]、新闻时事[④]、大学生廉洁教育[⑤]、人文关怀特别是生命教育[⑥]等。

七、简评

（1）视角上：与时俱进，与我们党的理论创新和时代发展同步，但“一以贯之”能够将思政教育各门课程有机协调统一起来的研究视角少。

（2）思路上：大部分研究者围绕“是什么、为什么、怎么做”三个方面展开研究，对“做后”评价与反馈研究少。

（3）内容上：研究视角决定内容的诠释，对高校应该如何发挥其育人功能等问题研究多；但研究多重复、不够深入，特别是对具体实践措施的研究力度不够。

（4）方法上：文献研究、定性研究多，实证研究少。

（5）层次上：分析如何提升教学实效性的策略研究多，解决“思想”“道德”问题的研究多，解决“政治信仰”问题的力度不够。

---

① 参见张坤晶：《论工匠精神培养与高职思政教育的有效融合》，《职教通讯》2016 年第 16 期。

② 参见蒋福明、刘镇江、李晓衡：《“行业精神”融入高校思想政治理论课教学的探讨》，《思想理论教育导刊》2016 年第 1 期。

③ 参见李楠、潘学良：《将公平正义理念融入思想政治理论课实践教学探析》，《学校党建与思想教育》2015 年第 21 期。

④ 参见丁永华：《新闻时事融入高校思想政治理论课教学的必要性探析》，《黑龙江教育学院学报》2015 年第 7 期。

⑤ 参见胡孝红、彭小强：《大学生廉洁教育纳入思想政治理论课教学体系探究》，《三峡大学学报》（人文社会科学版）2013 年第 3 期。

⑥ 参见钱莹：《生命教育视角下高校思想政治理论课改革的难点与突破》，《中国成人教育》2013 年第 9 期。

第三节　国家治理现代化

现代化是全社会范围内发生的由低级到高级的突破性的变化或变革的过程。国家治理现代化包括国家治理体系和国家治理能力两个方面的现代化，国家治理体系现代化本质上是国家治理制度的现代化，国家治理能力现代化是运用国家制度管理社会各方面事务能力的现代化。国家治理体系和国家治理能力是一个有机整体，相辅相成，有了好的国家治理体系才能提高国家治理能力，提高国家治理能力才能充分发挥国家治理体系的效能。

一、现代化

所谓现代化是全社会范围内一系列现代要素以及组合方式连续发生的由低级到高级的突破性的变化或变革的过程。① 现代化有如下四个特征。

第一，现代化是一个动态、发展的概念。随着时代的发展、科技的进步，人们对现代化的实践和认识不断丰富和完善。现代化不是一个一成不变的概念，改革开放这四十多年来的经历，让我们充分理解现代化是一个动态、发展的概念。

---

① 对于“现代化”的理解，张培刚教授作出了原创性的贡献。张培刚将“工业化”定义为“一系列基要生产函数，连续发生变化的过程”（张培刚：《农业与工业化：农业国工业化问题初探》，华中工学院出版社 1984 年版，第 70 页），后来又将“工业化”定义为“国民经济中一系列基要的生产函数（或生产要素组合方式）连续发生由低级到高级的突破性变化（或变革）的过程”（张培刚：《发展经济学通论》第 1 卷，湖南出版社 1991 年版，第 190 页）。

第二，现代化是全社会范围内的全方位变革过程。一是全领域，包括经济、社会、政治、文化和人的现代化，以及生态文明建设和国防军队现代化。二是全地域，包括城市与农村现代化、沿海地区与中西部地区现代化。从这个意义上讲，中国现代化为所有人口共享。三是全方位，包括观念、经济、社会、文化等全方位的变革，本质上就是现代国家制度建设与体制改革。

第三，现代化是现代要素以及组合方式的突破性变革。这些要素涉及土地、资源、资本、劳动、教育、科学技术、知识和制度、法律等，也涉及这些要素的组合。这些要素及要素组合方式可以由政府提供，也可以由市场提供，还可以由两种机制共同提供。

第四，现代化是一个连续的积累和发展过程。现代化的过程是一个从不断的量变积累到质变突破的过程。改革开放四十多年的实践是从贫困到解决温饱，达到小康水平，再到进一步全面建成小康社会，整个社会也有了根本性改变。[①]

二、中国现代化简要历程

在中国共产党的领导下，中国的现代化正在发生、发展、积累、质变、突破。对于现代化的认识，早期主要是以经济现代化为核心。1956 年，党的八大提出四个现代化，大会通过的《中国共产党章程》指出："中国共产党的任务，就是有计划地发展国民经济，尽可能迅速地实现国家工业化，有系统、有步骤地进行国民经济的技术改造，

① 1992 年党的十四大报告指出："十一亿人民的温饱问题基本解决，正在向小康迈进。"2002 年党的十六大报告指出："人民生活总体上达到小康水平。"2012 年，党的十八大报告首次正式提出"全面建成小康社会"。2021 年 7 月 1 日，在庆祝中国共产党成立 100 周年大会上，习近平总书记庄严宣告："在中华大地上全面建成了小康社会，历史性地解决了绝对贫困问题。"

使中国具有强大的现代化的工业、现代化的农业、现代化的交通运输业和现代化的国防。”[①] 1964 年，我国提出了大家现在所熟知的“四个现代化”，即“全面实现农业、工业、国防和科学技术的现代化”[②]。1975 年 1 月，在北京举行的四届人大上周恩来重提实现“四个现代化”的目标，使我国国民经济走在世界的前列。[③] 这段时间对现代化的理解，基本上是经济现代化的范畴。

改革开放之后，我国对现代化的认识逐渐扩展。1982 年，党的十二大报告提出了三大建设——经济建设、思想建设、政治建设，也提出了“两步走”的战略构想。1986 年，党的十二届六中全会首次提出社会主义总体布局设想：以经济建设为中心，坚定不移地进行经济体制改革、坚定不移地进行政治体制改革、坚定不移地加强精神文明建设的总体布局。2002 年，党的十六大报告提出了经济建设与经济体制改革、政治建设与政治体制改革、文化建设与文化体制改革的“三位一体”总体布局。2007 年，党的十七大报告提出了经济建设、政治建设、文化建设、社会建设的“四位一体”总体布局。2012 年，党的十八大报告全面提出了经济建设、政治建设、文化建设、社会建设和生态文明建设的“五位一体”总体布局。2013 年，党的十八届三中全会提出国家治理现代化。2017 年，党的十九大报告综合分析国际国内形势和我国发展条件，指出从 2020 年到本世纪中叶可以分两个阶段来安排。第一个阶段是从 2020 年到 2035 年，在全面建成小康社会的基

---

① 中央档案馆、中共中央文献研究室编：《中共中央文件选集（1949 年 10 月—1966 年 5 月）》第 24 册，人民出版社 2013 年版，第 224 页。

② 周恩来：《发展国民经济的主要任务》，《周恩来选集》下卷，人民出版社 1984 年版，第 439 页。

③ 参见周恩来：《向四个现代化的宏伟目标前进》，《周恩来选集》下卷，人民出版社 1984 年版，第 479 页。

础上，再奋斗十五年，基本实现社会主义现代化。第二个阶段是从2035年到本世纪中叶，在基本实现现代化的基础上，再奋斗十五年，把我国建成富强民主文明和谐美丽的社会主义现代化强国。2021年7月1日，在庆祝中国共产党成立100周年大会上，中共中央总书记、国家主席、中央军委主席习近平庄严宣告："经过全党全国各族人民持续奋斗，我们实现了第一个百年奋斗目标，在中华大地上全面建成了小康社会，历史性地解决了绝对贫困问题，正在意气风发向着全面建成社会主义现代化强国的第二个百年奋斗目标迈进。"[①] 2022年，党的二十大报告提出："从现在起，中国共产党的中心任务就是团结带领全国各族人民全面建成社会主义现代化强国、实现第二个百年奋斗目标，以中国式现代化全面推进中华民族伟大复兴。"[②] "中国式现代化的本质要求是：坚持中国共产党领导，坚持中国特色社会主义，实现高质量发展，发展全过程人民民主，丰富人民精神世界，实现全体人民共同富裕，促进人与自然和谐共生，推动构建人类命运共同体，创造人类文明新形态。"[③]

中国现代化的实践历程是从经济现代化过渡到全面现代化，再到全面协调各类现代化；从单一追求经济现代化，到全方位推进全面协调。我们对现代化的认识是从物质到精神再到制度，逐步深入。

---

① 习近平：《在庆祝中国共产党成立100周年大会上的讲话》，人民出版社2021年版，第2页。

② 习近平：《高举中国特色社会主义伟大旗帜　为全面建设社会主义现代化国家而团结奋斗——在中国共产党第二十次全国代表大会上的报告》，人民出版社2022年版，第21页。

③ 习近平：《高举中国特色社会主义伟大旗帜　为全面建设社会主义现代化国家而团结奋斗——在中国共产党第二十次全国代表大会上的报告》，人民出版社2022年版，第23～24页。

三、国家治理现代化

习近平总书记指出："国家治理体系和治理能力是一个国家制度和制度执行能力的集中体现。国家治理体系是在党领导下管理国家的制度体系，包括经济、政治、文化、社会、生态文明和党的建设等各领域体制机制、法律法规安排，也就是一整套紧密相连、相互协调的国家制度；国家治理能力则是运用国家制度管理社会各方面事务的能力，包括改革发展稳定、内政外交国防、治党治国治军等各个方面。国家治理体系和治理能力是一个有机整体，相辅相成，有了好的国家治理体系才能提高治理能力，提高国家治理能力才能充分发挥国家治理体系的效能。"①

国家治理体系是在党的领导下管理国家的制度体系，"在党的领导下"是中国国家治理体系最重要的特征。以往的世界对怎样治理社会主义国家没有解决得很好。马克思、恩格斯有关社会主义和共产主义的原理是预测性的，他们没有经历全面治理社会主义国家的实践；列宁没来得及深入探索这个问题，在俄国十月革命后不久就逝世了；苏联在治国实践中探索了这个问题，取得了一定实际经验，但出现了严重错误，没有很好解决如何建设社会主义的问题。我们党在新中国成立后坚持社会主义道路，进行了曲折探索，有教训但也积累了丰富经验，改革开放以来取得了重大成果。与世界上一些地区和国家乱局不断相对照，我国政治稳定、经济发展、社会和谐、民族团结。我们的国家治理体系和治理能力总体上是好的，是适应我国国情和发展要求的。

---

① 习近平：《切实把思想统一到党的十八届三中全会精神上来》，《人民日报》2014 年 1 月 1 日。

国家治理能力是运用国家制度管理社会各方面事务的能力，是实现国家目标的实际能力。国家治理能力应特别注意以下三点：一是国家治理目标的清晰。没有清晰的国家目标就是乱治，没有正确的国家目标就是胡治。二是国家治理的实际能力。通俗地说是国家的执行力，能够完成国家目标的实际能力。三是运用国家制度的治理能力。没有国家制度，就没有国家治理的基础。

习近平总书记指出："推进国家治理体系和治理能力现代化，就是要适应时代变化，既改革不适应实践发展要求的体制机制、法律法规，又不断构建新的体制机制、法律法规，使各方面制度更加科学、更加完善，实现党、国家、社会各项事务治理制度化、规范化、程序化。要更加注重治理能力建设，增强按制度办事、依法办事意识，善于运用制度和法律治理国家，把各方面制度优势转化为管理国家的效能，提高党科学执政、民主执政、依法执政水平。"① 国家治理现代化就是国家制度现代化，制度和法律作为现代政治要素，不断连续地发生由低级到高级的突破性变革过程。国家制度体系更加完备、更加成熟、更加定型，包括政治、经济、社会、文化、生态环境制度。在这一制度下，制度执行更加有效、透明、公平。有制度，无能力，那么制度就徒有虚名；有能力，无制度，那么能力就会被滥用。

四、国家治理体系现代化

国家治理体系现代化本质上是国家治理制度的现代化。在庆祝全国人民代表大会成立 60 周年大会上的讲话中，习近平总书记提出了一个十分重要的理论判断："评价一个国家政治制度是不是民主的、

① 习近平：《切实把思想统一到党的十八届三中全会精神上来》，《人民日报》2014 年 1 月 1 日。

有效的，主要看国家领导层能否依法有序更替，全体人民能否依法管理国家事务和社会事务、管理经济和文化事业，人民群众能否畅通表达利益要求，社会各方面能否有效参与国家政治生活，国家决策能否实现科学化、民主化，各方面人才能否通过公平竞争进入国家领导和管理体系，执政党能否依照宪法法律规定实现对国家事务的领导，权力运用能否得到有效制约和监督。”①

“八个能否”重要论断提出了对国家政治制度优劣进行科学评判的标准，是国家治理体系现代化评判的标准，是马克思主义国家治理理论的新成果，是对邓小平同志关于国家政治体制标准思想的丰富和发展。1987 年，邓小平在会见喀麦隆总统时指出：“我们评价一个国家的政治体制、政治结构和政策是否正确，关键看三条：第一是看国家的政局是否稳定；第二是看能否增进人民的团结，改善人民的生活；第三是看生产力能否得到持续发展。”② 习近平总书记提出的“八个能否”标准是在新的时代条件下对邓小平同志“三条标准”的深化与具体，具有十分重要的理论与实践意义。

首先，评价国家治理体系不仅要看是否民主，还要看是否有效。民主是全世界的共识，恰恰是在人们谈论民主的时候，经常忽略制度的效率。有不少政治制度虽然普选民主，但是低效或无效；有些政治制度虽然有效，但不是民主的。一个良好的政治制度就是要把两者有效地结合起来。

其次，全面评价国家治理体系。“八个能否”涉及国家治理体系的方方面面：既涵盖人民管理国家的权力，又包括国家决策的名称与

---

① 习近平：《在庆祝全国人民代表大会成立 60 周年大会上的讲话》，《人民日报》2014 年 9 月 6 日。

② 《邓小平文选》第 3 卷，人民出版社 1993 年版，第 213 页。

效率；既包括人才的流通机制，又包括权力的制约；既包括领导人的更替问题，也包括决策的科学化、民主化。

最后，评价国家治理体系的标准确定性。“八个能否”有明确的价值判断标准，判定国家治理体系是否现代化清晰明确。

五、国家治理能力现代化

习近平在省部级主要领导干部学习贯彻十八届三中全会精神全面深化改革专题研讨班开班式上发表重要讲话，强调“必须适应国家现代化总进程，提高党科学执政、民主执政、依法执政水平，提高国家机构履职能力，提高人民群众依法管理国家事务、经济社会文化事务、自身事务的能力，实现党、国家、社会各项事务治理制度化、规范化、程序化，不断提高运用中国特色社会主义制度有效治理国家的能力”①。

国家治理能力就是讲话中所提出的三大能力：一是国家机构履职能力。中国国家机构有中央、省、地区、县、乡镇五级，需要根据中国的具体情况创新界定不同机构的职能。二是人民群众依法管理国家事务、经济社会文化事务、自身事务的能力。在一个拥有十几亿人口的大国中，实现国家事务、经济社会文化事务、自身事务的治理，是世界上前所未有的。三是运用中国特色社会主义制度有效治理国家的能力。社会主义国家基本经济制度、政治制度、社会制度等为国家治理提供了良好的制度平台，但要想把可能变为现实就需要提高国家治理能力。

习近平在讲话中也明确提出了中国特色的三大治理。一是党的治

① 《完善和发展中国特色社会主义制度　推进国家治理体系和治理能力现代化》，《人民日报》2014 年 2 月 18 日。

理。中国由执政党治理，这是不同于其他国家政治政党治理的。2004年，党的十六届四中全会作出了《中共中央关于加强党的执政能力建设的决定》，首次对党的执政能力作了明确界定："党的执政能力，就是党提出和运用正确的理论、路线、方针、政策和策略，领导制定和实施宪法和法律，采取科学的领导制度和领导方式，动员和组织人民依法管理国家和社会事务、经济和文化事业，有效治党治国治军，建设社会主义现代化国家的本领。"[①] 二是社会主义国家治理。这不同于资本主义国家治理，国家基本制度根本不同，国家治理体系不同，治理手段也不同，因而治理绩效也不会相同。三是社会主义社会治理。中国社会治理是以人民为主体的社会治理，人民是社会的主人，人民依法参与社会治理、基层治理、地方治理和国家治理。

习近平首次明确提出"实现党、国家、社会各项事务治理制度化、规范化、程序化"，这就是中国的国家治理创新。实现党、国家、社会各项事务治理制度化、规范化、程序化，是国家治理能力现代化的必由之路，在降低治理成本、提高治理收益过程中实现现代化。实现制度化、规范化、程序化，表明国家治理现代化是一个发展、演变和不断适应的过程。

---

① 《中共中央关于加强党的执政能力建设的决定》，《人民日报》2004年9月27日。

第四节　国家治理现代化与思想政治教育的内在联系

国家治理现代化是中国共产党对国际形势的深刻把握以及在国内全面深化改革现实状况的前提下提出的全新政治理论和发展战略，从经济、文化、社会、党的建设等方面展现了中国共产党对中国特色社会主义的强大自信。高校思想政治教育作为培养现代化治理主体和时代新人的重要途径，对稳步推进国家治理现代化发挥着不可或缺的作用。国家治理现代化与高校思想政治教育内在契合，系统全面分析二者存在的联系，对于增强高校思想政治教育实效性、推进国家治理现代化进程具有重要意义。

“现代化”这一词语现在已经逐渐摆脱产业工业化、经济自由化、环境城市化和制度西方化等物化性内涵的桎梏，开始更加注重人的现代化问题。因此，对“现代化”的研究就需要将视野投向人的思想观念、政治观念和道德规范的现代化路径的探寻方面。回眸我国现实政治生活，以国家治理现代化为代表的政治现代化正是对上述现代化发展趋势的本土化回应，具有现代政治理念的“现代人”是国家治理现代化建设的重要目标与基础所在。

正是在这样的现实背景下，“人”将国家治理现代化与思想政治教育联系到了一起。国家治理现代化需要思想政治教育这一路径来帮助其实现“人的现代化”这一核心要务，而思想政治教育则需要国家治理现代化所内含的现代化视域来帮助其审视发展历程，选择转型路向，进而改组自身模式，确保“人的全面发展”教学目标全面达成。

一、高校思想政治教育是筑牢国家治理现代化思想基础的重要手段

高校思想政治教育是筑牢国家治理现代化思想基础的基本渠道，是其内在属性的根本规定，也是其社会价值的外在表现，更是中国特色社会主义发展的本质要求。首先，高校思想政治教育可以有效过滤各种思想，搭建起抵制腐朽思想的重要屏障。随着国际文化交流的日趋频繁，西方多元文化思潮对我国主流意识形态和人们的精神生活形成渗入与侵扰。高校思想政治教育在坚定理想信念、宣传政治思想、凝聚思想共识等方面的重要功能使其成为引导治理主体坚定政治立场与人民立场、树立正确的价值观念与理想信念、增强法律意识与政治辨别力、自觉自信地走中国特色社会主义道路的重要途径。其次，高校思想政治教育是宣传主流思想、传播社会正能量的重要阵地。高校思想政治教育始终是传播马克思主义理论、社会主义先进文化、中华优秀传统文化，宣传核心价值体系、传播核心价值观，开展思想、政治、道德教育，使大学生的思想道德水平达到社会发展要求的重要手段。通过开展高校思想政治教育，有效引导大学生的思想观念、整合其社会意识，有益于为国家治理现代化的顺利推进提供良好的社会思想基础。

二、国家治理现代化为思想政治教育发展引领方向并充实新内容

回眸现实，我们需要认真反思的问题是“当前的思想政治教育是否能够满足现代化的内在诉求”，也即“思想政治教育本身是否已达成现代化状态”这一实践性现实问题。

文化是民族的血脉，是人民的精神家园。国家治理现代化的顺利推进离不开社会主义文化的大发展和大繁荣，因此需要加强社会主义

先进文化建设，坚定不移地推进社会主义先进文化建设体制机制的完善，进一步提升国家文化软实力，使先进文化的更新思维方式、引领社会风尚、转变价值观念、教育和服务人民的优势得到充分彰显。以国家治理现代化为内容的充实的先进文化建设，为激发文化发展的生命力提供了新的契机，也为高校思想政治教育的发展和创新指明了方向，高校思想政治教育要充分挖掘国家治理现代化的内容。坚持正确的方向，坚持以马克思主义为指导，坚定不移地走中国特色社会主义道路，把统一思想、凝聚力量、培育新人作为高校思想政治教育的中心环节，不断提高受教育者的凝聚力和向心力，提高其思想道德水平和政治素养，为国家治理现代化的顺利推进提供重要支撑。

高校思想政治教育立足自身的教育特质与意识形态属性，从人的精神建构出发，为实现社会主义现代化、人民的幸福与发展创造条件。一方面，物质文明和精神文明是个人全面健康发展的必要条件，彼此相互交融、相辅相成。高校思想政治教育作为精神文明的有机组成部分，对于满足人民群众对美好精神生活的向往、充盈人民的精神生活、提升人民的精神层次具有积极作用。另一方面，高校思想政治教育作为一项为社会主义事业建设培养和塑造优秀人才的实践活动，能够为国家发展培养兼备政治素养、责任意识、道德素质、业务能力的时代新人，不断提升国家治理和社会主义建设的公民参与度、奉献度。国家治理现代化与高校思想政治教育以社会主义先进文化建设为纽带，协调统一，在良性互动中不断推进中国特色社会主义事业稳步前进。

国家治理现代化作为内容充实的社会主义先进文化建设，从制度层面为高校思想政治教育完善顶层设计与落实具体环节提供保障，以治理理念与现代化理念为指导，以解决薄弱环节和突出问题为着力点，培养和增强高校思想政治教育的与时俱进能力、创新发展能力、形势应对能力，不断提升其创新发展的科学化、时代化、制度化、法治化水平，从而满足国家治理现代化建设要求。高校思想政治教育通过提升自我革新能力，促进自身理论体系、话语体系构建，培养国际视野、增强国际影响力，不断强化其落实立德树人的根本任务，为国家治理现代化建设储备优秀人才，推进中国特色社会主义事业发展。

第五节 国家治理现代化视域下思政课程创新发展的比较优势

大学阶段的思想政治理论课重在增强学生的使命担当，重点引导学生系统掌握马克思主义基本原理和马克思主义中国化理论成果，了解党史、新中国史、改革开放史、社会主义发展史，认识世情、国情、党情，深刻领会习近平新时代中国特色社会主义思想，培养运用马克思主义立场观点方法分析和解决问题的能力；自觉践行社会主义核心价值观，尊重和维护宪法法律权威，识大局、尊法治、修美德；矢志不渝听党话跟党走，争做社会主义合格建设者和可靠接班人。本科及高等职业学校专科课程重在加强理论教育和学习，高等职业学校课程还要体现职业教育特色，研究生课程重在探究式教育和学习。

对比其他融入理论和内容，国家治理理论融入思政教学方案具备以下优势：一是全局性，高校五门思政课都能够体现国家治理；二是解释力更强大，能够对中国近现代和当代国家情况进行很好的解释并能够预示未来；三是学理性，能够将教材进行系统处理，使课程更有学理性。

一、全局性

国家治理理论在“思想道德修养与法律基础”“马克思主义基本原理概论”“中国近现代史纲要”“毛泽东思想和中国特色社会主义理论体系概论”“形势与政策”这五门思政课中都能够找到非常有效的切入点，能够为这五门课程提供有效的课程素材，也能够促使这五门课程更精彩。

中共十九届四中全会的主题是"国家治理现代化"，全面总结了我国国家制度和国家治理体系13个方面的显著优势。人们的政治素质在国家治理现代化过程中起着"润物细无声"的关键性作用，大学生作为未来国家治理的中流砥柱，其政治素质的提升更为重要。当前，大学生政治素质与国家治理现代化的要求存在一定差距。因而，如何在国家治理现代化进程中提升大学生政治素质、培养符合国家治理要求的政治人才，成为人们关注的重要问题之一。

中共十九届六中全会提出，要"推动人的全面发展、全体人民共同富裕取得更为明显的实质性进展"①。致力于实现人的全面发展是马克思主义政党的鲜明特征，是中国特色社会主义制度的崇高追求。中国共产党带领人民不断追求人的全面发展的过程，也是中国特色社会主义制度不断完善、国家治理体系和治理能力现代化不断推进的过程。简言之，只有坚持中国共产党领导，坚持中国特色社会主义制度，不断推进国家治理现代化，才能摆脱人的抽象的、单向度的、形式上的发展，实现人的具体的、全面的、实质性的发展。在人的全面发展和国家治理现代化之间的关系上，思政课的五门课程都能够非常好地贯彻。

"思想道德修养与法律基础"课程的基本内容和课程教学的主要目标是综合运用马克思主义的基本观点和方法，从当代大学生面临和关心的实际问题出发，对大学生进行思想品德和社会主义法制教育。这是提高大学生修养和素质、落实高校德育目标不可或缺的必修课程，是大学生确立科学的人生观、价值观、道德观和法治观的主要渠

① 《中国共产党第十九届中央委员会第六次全体会议文件汇编》，人民出版社2021年版，第46页。

道。该课程进行正确的人生观、价值观、道德观和法治观教育，引导大学生牢固树立社会主义荣辱观，树立高尚的理想情操，养成良好的道德品质。该课程既具有较强的理论性、系统的知识性，又具有突出的实践性和教育性，更具有鲜明的政治性和思想性，在当今高校人才培养体系中具有十分重要的学科地位。“思想道德修养与法律基础”课程可以从当代大学生如何达成国家治理现代化对人才的要求这个角度组织教学方案设计，进而深入探讨大学生确立科学的人生观、价值观、道德观和法治观是否能够适应国家治理现代化的要求，是否适应现代社会的要求，以及大学生如何更好地为将来的国家治理现代化贡献力量。

“马克思主义基本原理概论”课程是国家确定的五门思想政治理论课必修课之一，是全国普通高校本科各专业学生的公共必修课，是一门系统讲授马克思主义基本理论的课程。该课程通过对马克思主义基本原理的系统讲解，使学生在树立马克思主义科学的世界观、人生观、价值观的同时，不断提高理论思维水平，学会用马克思主义立场观点方法分析和解决实际生活中的各种问题，特别是能应用马克思主义基本原理分析和解决现实问题。因此，马克思主义基本理论教学不能仅仅停留在单纯传授知识的层面上，更主要的是要培养学生的思维能力、创新能力以及分析解决问题的能力。该课程和“思想道德修养与法律基础”等共同构成大学生思想政治理论课课程体系，学习该课程有利于学习其他思想政治理论课，也将为专业课的学习提供方法论。“马克思主义基本原理概论”课程注重不断提高大学生的理论思维水平，学会运用马克思主义基本原理分析和解决现实问题。国家治理现代化是我们党和国家坚定不移的工作目标，在教学中要有意识地引导大学生思考实现国家治理现代化应学习、坚持的正确思维方式是什么，以及在这一正确思维方式下我们大学生应该如何更有效地学习和生活。

“中国近现代史纲要”课程是通过教学使学生从宏观上对中国近现代史有一个基本的认识，了解资本主义和帝国主义入侵中国及其与中国封建势力相结合给中华民族和中国人民带来的深重苦难，了解中国人民救亡图存的奋斗过程，了解中国人民选择社会主义的进程及其必然性；帮助大学生正确总结经验，认识国情，学会全面地分析矛盾，解决问题；激发学生的爱国热情和民族自豪感、自信心；掌握中国近代以来社会发展的规律，从而增强社会主义信念，使之能更加坚定不移走中国特色社会主义道路。“中国近现代史纲要”课程的任务是通过教学，帮助学生了解国史、国情，深刻领会历史和人民怎样选择了马克思主义，怎样选择了中国共产党，怎样选择了社会主义道路，怎样选择了改革开放，从而使大学生树立执行党的基本路线和基本纲领的自觉性和坚定性。在中国近现代史的讲述过程中，我们可以用国家治理角度进行解读，分析从失败的国家治理中应该吸取哪些教训、在成功的国家治理中应该如何坚持以及中国共产党是如何从困难中走出并逐步走向胜利的。

“毛泽东思想和中国特色社会主义理论体系概论”课程主要讲授中国共产党把马克思主义基本原理同中国具体实际相结合产生的马克思主义中国化的两大理论成果，帮助学生理解毛泽东思想、邓小平理论、“三个代表”重要思想、科学发展观、习近平新时代中国特色社会主义思想是一脉相承又与时俱进的科学体系，引导学生深刻理解中国共产党为什么能、马克思主义为什么行、中国特色社会主义为什么好，坚定“四个自信”。我们可以从国家治理角度来更好地讲解实现中华民族复兴过程中中国共产党把马克思主义基本原理同中国具体实际相结合产生的马克思主义中国化的两大理论成果。

“形势与政策”课程主要讲授党的理论创新最新成果，新时代坚持和发展中国特色社会主义的生动实践，马克思主义形势观政策观、党的路线方针政策、基本国情、国内外形势及其热点难点问题。该课程帮助学生准确理解当代中国马克思主义，深刻领会党和国家事业取得的历史性成就、面临的历史性机遇和挑战，引导大学生正确认识世界和中国发展大势，正确认识中国特色和国际比较，正确认识时代责任和历史使命，正确认识远大抱负和脚踏实地。实际上，这就是在向大学生展示现实世界中的国家治理。

二、解释力更强大

实现现代化最终的落脚点是人的现代化，国家层面上就是实现国家治理现代化。我们要培养适应现代化要求的人才，更要培养知道如何能够很好地建设现代化国家的人才。现代化是落后民族的不懈追求，民族复兴是我们要实现的中国梦。现代化是一场整体性的社会变革，是传统的农业社会向现代工业社会变迁的历史过程，是人类社会发展的一次质的飞跃。这一过程涵括全球的经济、政治、社会、思想、文化、交往方式等各方面的巨大转换。现代化不是一蹴而就的，而是一个连续不断的历史发展过程。大体说来，现代化发源于 16 世纪的欧洲，历经 18 世纪工业革命后向全世界扩展。人类社会发展的过程是人的活动的过程，也是人的发展的过程，无论是资本主义国家还是社会主义国家，其推进社会现代化建设的过程都是实现人的现代化的过程。没有人的现代化，就没有社会现代化。人的现代化是社会现代化的实质、核心和根本标志。

“思想道德修养与法律基础”课程主要讲授马克思主义的人生观、价值观、道德观、法治观，更符合现代化要求的价值观才是有意义的；“马克思主义基本原理概论”课程主要是提升运用马克思主义基本原理分析世界的能力，增强对人类社会发展规律特别是中国特色社会主义发展规律的认识和把握，而中国特色社会主义就是一个不断向现代化进军的过程；“中国近现代史纲要”课程就是讲述中国人民在中国共产党的领导下如何从过去失败的国家治理中选择了社会主义道路，选择了改革开放，逐步向现代化迈进；“毛泽东思想和中国特色社会主义理论体系概论”课程向学生传递的是一脉相承又与时俱进的科学体系，这个体系是中国共产党人追求国家富强、实现现代化的经验结晶；“形势与政策”课程是对学生生活最为接近的现实解读，是向学生传达真实世界中的国家治理。相对于其他的融入理论，国家治理理论能够贯穿五门课程，并且能够对其中的核心问题进行非常有效的解读和延伸。

三、学理性

习近平总书记在全国高校思想政治工作会议上指出，思想政治理论课要坚持在改进中加强，提升思想政治教育亲和力和针对性，满足学生成长发展需求和期待。由此，高校如何使思政课堂的教学内容适应新时代的要求，切实从思想上解决青年学子的青春迷茫与成长困惑，则成为新时代思政教育具有说服力、亲和力和针对性的重要课题。破解这个课题的突破口在于“丰富课堂教学内容”与“强化内容逻辑关联”的相互统一。

国家治理理论是一门古老的学问，在中共十八届三中全会以后再次成为一个热门的理论。理论是行动的先导。国家治理现代化的理论建构与发展，是以习近平同志为核心的党中央立足中国特色社会主义新时代的新特征与新要求，在深刻认识和把握共产党执政规律、社会主义建设规律、人类社会发展规律的基础上，创造性地推进马克思主义中国化的智慧结晶，是对马克思主义国家学说的创新与发展，是对中国共产党探索社会主义现代化理论的赓续与升华。同时，也是对中国传统政治文化中有益成分的创造性转化、创新性发展，实现了对西方自由主义治理理论的根本性超越，对进一步丰富全球治理理论的内涵以及推进科学社会主义在21世纪的创新发展有着普遍性意义和独特性贡献。深刻把握国家治理现代化理论对辩证唯物主义与历史唯物主义立场、观点和方法的遵循，并系统解析其在理论创设中凸显中国话语、在议题设置上确立中国场域、在逻辑建构中演绎中国思维、在哲学基础上彰显中国意蕴的基本要义与逻辑理路，是阐明这一理论科学性的根本所在。

科学理论的生成与发展有其内在规定性，既是基于社会实践发展的产物，也是理论自身演绎升华的结果。国家治理现代化既体现为具体化的治理目标与治理策略，也关涉国家精神、国家情感、国家意志和国家伦理的建构及其正当性与合理性追求。从发生学的角度审视，国家治理理论源自契约政治对王权政治的消解，与资本主义国家理论以及马克思主义国家学说有着密切关联。资本主义国家理论无法消解国家权力在与资本勾连过程中对社会生活的干预和规制，而马克思主义国家学说则深刻揭示了国家作为阶级压迫或反抗阶级压迫的暴力工具的本质特征。因此，在经典社会主义国家理论中，无产阶级专政成为国家的首要功能与基本属性。从一般意义上说，特定阶级专政意味着权力主体的阶级性、实施手段的强制性，以及对社会行为一致性和价值选择的同质化要求。国家治理现代化理论一方面立足马克思主义国家学说之上，强调国家在社会行为规范与秩序建构中的主导性功能；另一方面注重创新和发展人民民主专政理论，强调在处理国家与社会事务中治理主体的多元化以及治理方式的共商共治，即以坚持党的全面领导和坚持完善中国特色社会主义制度为基本前提，强调在国家主导下通过规范、民主、科学且有效地运用系统治理工具，推进国家治理体系的变革与完善，以此不断提升国家治理效能。

国家治理现代化理论也包含着对西方自由主义治理理论的扬弃。西方自由主义治理理论推崇在社会生活中“共治”，强调社会力量的主观能动性与市场机制对社会生活的导引和规范作用。这些理念为激活社会活力和实现“物随其流”的社会生活格局提供了可能空间，但资本逻辑主导下的市场机制在引导人口、资源和技术等流动的过程中始终无法摆脱唯利是图、治而不公、“流”而无序的困境，这正是资本主义国家一直以来一系列社会乱象的根源所在。国家治理现代化理论强调政府宏观调控功能与市场在资源配置中的决定性作用的有机统一，促进了社会流动的有序与高效，从而实现了对西方自由主义治理理论的根本性超越。

国家治理现代化理论还包含对中国传统政治文化有益成分的创造性转化、创新性发展。中国传统政治文化中民本主义的政治哲学，“大国治贵有恒”“治大国如烹小鲜”以及“协和万邦”“兼济天下”等政治理念与智慧，无疑对国家治理现代化理论的建构有着直接影响。

国家治理现代化理论正是由于其学理性的存在，才有更强大的解释能力。马克思曾说过：“如果我们的任务不是构想未来并使它适合于任何时候，我们便会更明确地知道，我们现在应该做些什么，我指的就是要对现存的一切进行无情的批判，所谓无情，就是说，这种批判既不怕自己所作的结论，也不怕同现有各种势力发生冲突。”① 新时

① 《马克思恩格斯全集》第47卷，人民出版社2004年版，第64页。

代，我国依然面临各种错误思潮的影响。党中央重点批判了历史虚无主义等意识形态领域的错误思潮，这些错误思潮在现实中有长期的影响，青年学子难以看清其内在的价值冲突和逻辑矛盾。同时，诸如个人主义、功利主义和享乐主义等不良社会思潮，已在一定程度上渗透到社会生活的各个方面，对青年学生产生了诸多负面影响。青年学生长时间受其影响，崇洋媚外、“拜金”行为屡见不鲜。

理论彻底才能说服人。将批判错误思潮的相关内容加入思政课堂，才能更彻底地彰显马克思主义的科学价值，进而才能培育学生同错误思潮作斗争的思想与能力。为此，要敢于在课堂上引入相关话题并进行充分阐释，用马克思主义理论科学辨析错误思潮的来龙去脉，揭示不良社会思潮的片面性与荒谬性。在澄清和批判中化解青年学生面对纷繁复杂的社会思想领域所产生的价值困惑，为他们提供思想武器，教会他们抵制不良思潮，从而坚定社会主义理想信念，而这有力的武器便是国家治理理论。

第四章　怎样融入？

国家治理现代化理论融入高校思想政治教育是一项系统工程，高校思政课包含的五门课程在教学目标和侧重点上各有不同，因此将国家治理现代化融入各门课程的教学重点也应有所不同。具体来说，“思想道德修养与法律基础”课要帮助学生强化国家治理中的法治思维，以及对社会改革中个人价值、理想追求的认识。“马克思主义基本原理概论”课主要侧重用国家治理理论提高大学生的思维水平和观察分析国家治理问题的能力。“中国近现代史纲要”课要帮助学生理解党在领导人民进行新民主主义革命和社会主义建设时期的区域治理、国家治理思想的形成与发展历程，深化学生对革命时期区域治理变化以及70多年国家治理历程的认知。“毛泽东思想和中国特色社会主义理论体系概论”课要引导学生理解国家治理现代化的发展进程和未来目标，强化学生对国家层面治理现代化水平的认识。“形势与政策”课则主要讲解我国目前发展的客观实际和形势，为坚定“四个自信”提供有力支撑。

第一节　国家治理现代化视域下高校思政工作系统创新

国家治理现代化融入高校思想政治教育是一项系统工程，有必要从目标和原则、理念、内容、环境、队伍、机制这六个方面研究高校思想政治教育创新的对策，增强高校思想政治教育实效性。

一、明确高校思想政治教育创新的目标和原则

（一）高校思想政治教育创新的总体目标

高校思想政治教育目标是国家和社会对高校学生在思想品德、价值观念等方面的设想和规定，是根据社会发展要求、思想政治教育内在规律以及内部各要素特点确定的，是对高校思想政治教育活动预期结果的价值设定和观念表达。高校思想政治教育总体目标是对其教育所蕴含的价值追求的凝练和总结，是开展思想政治教育活动的起点和归宿。它概括了时代对受教育者的要求，体现着国家、社会和教育者的期望，在整个思想政治教育中起着导向激励、调控、保证作用。因此，明确国家治理现代化视域下高校思想政治教育创新的目标能为高校思想政治教育创新提供根本方向和基本准则。

国家治理现代化视域下高校思想政治教育创新的总体目标是在国家治理现代化背景下，遵循高校思想政治教育自身发展诉求，充分考虑教育对象身心发展特点的基础上确定的，表现为以马克思主义为指导，坚持和加强党的全面领导，充分发挥中国特色社会主义教育的育人优势，以立德树人为根本，将思想政治教育融入学生教育工作的各个方面，不断提高大学生的思想政治素养、道德素养，不断增强大学生的民族凝聚力、向心力，激发大学生的社会责任感和历史使命感，增强大学生参与国家治理的主体意识和治理能力，为社会主义物质文明建设、政治文明建设、精神文明建设与和谐社会建设以及国家治理现代化的顺利推进提供强有力的精神动力和智力支持，为中国特色社会主义事业发展培养新人。

（二）高校思想政治教育创新的基本原则

一要坚持整体性原则。思想政治教育是由教育目的、教育内容、教育过程、教育方法、教育载体、教育对象、教育评估等多个子要素构成的完整系统，主要实施政治教育、心理教育、思想教育、法治教育、道德教育、信仰教育等教育内容。高校思想政治教育价值的实现和目标的达成离不开各要素之间的协调配合，缺少任何一个要素和内容都会严重影响高校思想政治教育的效果。高校思想政治教育的创新发展总是离不开各种社会因素、心理因素的影响，因此要以整体性目光对教育现象和问题进行多角度、立体性分析。高校思想政治教育不是独立存在于教育系统中，其发展和创新还需要借鉴融合其他相关学科知识。因此，高校思想政治教育创新要坚持整体性原则，要多维联动、立体集成、整体奏效，不仅要对教育过程的各要素进行革新，而且还要积极开拓与其他学科、其他领域的相关知识借鉴融合的可能。

二要坚持求实原则。求实原则就是要实事求是，坚持一切从实际出发，理论联系实际，不断增强高校思想政治教育实效。创新高校思想政治教育要从学生学习和生活实际出发，分析学生思想变化的状况、特点和原因，从而有针对性地对教育内容、方式等进行创新。高校思想政治教育创新过程中，理论不能脱离实际，要将党的最新理论成果与实际相联系，让学生在立足实践的基础上，实现对理论的理解、掌握和内化。高校思想政治教育方法也要融入实际，除了进行理论灌输外，还要采取实践锻炼法，使思想政治教育效果在实践中得到巩固和提升。

三要坚持前瞻性原则。高校思想政治教育应该不断提升自身对教育对象身心变化、社会发展方向的预判能力，其创新发展应该深刻总结思想政治教育在长期发展过程中形成的丰富经验，牢牢把握社会历史发展方向，深入剖析教育对象的思想、心理、行为特征，实现对自身和当下社会发展的超越。

二、推动高校思想政治教育理念现代化

（一）坚持马克思主义最新成果指导

国家治理现代化要求社会主义先进文化建设必须坚持马克思主义在意识形态领域的指导地位，高校思想政治教育作为我国意识形态工作的重要组成部分，其创新发展必须始终坚持马克思主义，特别是马克思主义最新成果的指导。习近平新时代中国特色社会主义思想是遵循马克思主义科学立场观点方法，科学总结社会主义发展经验，在继承中国特色社会主义理论结晶的基础上，立足中国特色社会主义现代化建设的马克思主义民族化、本土化的最新成果，是集政治、经济、法治、文化、教育、社会等内容为一体的系统完整的治国理政思想，内在地包含了国家治理现代化与思想政治教育的有关建设思想，对高校思想政治教育创新和发展方向、理论逻辑具有根本指导性。因此，要把习近平新时代中国特色社会主义思想落实到高校思想政治教育的各个方面。

坚持习近平新时代中国特色社会主义思想对高校思想政治教育创新的指导，要深入学习并掌握其科学内涵、精神实质，形成理论逻辑、实践逻辑和历史逻辑。要将习近平新时代中国特色社会主义思想落实到高校思想政治教育工作的方方面面，深入挖掘高校思想政治教育创新要素、环节与国家治理现代化的内在联系，指导具体问题的解决，自觉抵制各种错误思潮的侵袭，引导教育对象形成符合国家发展要求的思想观念、道德品质。

（二）强化高校思想政治教育治理取向

随着国家治理现代化深入发展，相较于强调主体作用的“管理”，

注重对客体尊重的“治理”更加符合民主公平的社会发展要求和追求自由平等的学生心理需求。因此，打破传统的思想政治教育管理模式，进一步强化其治理取向，对于顺利完成高校思想政治教育任务具有重要意义。高校思想政治教育治理取向就是要打破以往的主客体二元对立，主张主体多元化，提倡多中心协调治理，充分保障受教育者作为平等的主体参与高校思想政治教育过程、公平利用教育资源接受教育和享受成果的权利。在高校思想政治教育过程中，应当不断加强学科治理、工作治理，不断完善教育目标、教师队伍结构、人才培养等治理方面的制度化、体系化，在立足实际的前提下，建立健全符合法律法规、满足人的全面发展要求、遵循思想政治教育目标、具有较强的可操作性的制度体系。同时，鼓励学生积极参与到治理过程中来，充分给予学生参与学校各项建设的权力，让学生在实践中自觉践行治理理念，锻炼和提升自身治理能力。

（三）重塑高校思想政治教育人本理念

高校思想政治教育始终坚持以人为本的教育理念，其作为一种关于人的思想的教育，必须坚持从人本身出发。国家治理现代化是一个动态发展的过程，在国家治理现代化视域下将以人为本作为高校思想政治教育的理念，要关注其现代重构和现代发展。高校思想政治教育要关注“现实的个人”，信守人本理念。信守人本理念，就是要坚持服务育人，以教育对象的发展需求为抓手，综合协调和整体规划学校各项工作，将教育工作与实现个人合理需求结合起来，解决教育对象实际生活和学习中的现实问题，加强心理疏导和人文关怀，充分调动教育对象的内在积极性，强化创新精神和实践能力的培养，不断增强教育的实效性和吸引力。高校思想政治教育创新还要关注人的发展性。马克思主义告诉我们，现实的人是历史的具体存在物，永远是一种未完成的存在物，始终处于未完成的状态，需要不断提升。由此可见，人的一生始终处于坚持不懈地追求个人的提升和发展的未完成状态。国家治理现代化语境下的高校思想政治教育创新应该更加关注个体和社会发展变化且不断进步和提升的特性。

三、丰富高校思想政治教育内容

推动理想信念教育常态制度化，弘扬民族精神和时代精神，加强党史、新中国史、改革开放史教育，加强爱国主义、集体主义、社会主义教育，实施公民道德建设工程，这些要求为丰富高校思想政治教育内容提供了方向。

高校的任务是为我国建设中国特色社会主义培养未来的中坚力量，对大学生的理想信念教育是我们党关注的重点。随着新时代国内外政治经济形势的变化、马克思主义中国化理论的完善与发展，高校理想信念教育要取得实质性效果就必须适应时代发展的要求，根据国家治理现代化的要求推进社会主义先进文化建设，推动理想信念教育制度化。

“人无精神则不立，国无精神则不强。精神是一个民族赖以长久生存的灵魂。”[①] 民族精神教育应着眼于培养学生对中华民族共同历史、文化、生活方式的归属感，培养学生对伟大祖国悠久历史和优秀传统文化的认同感，引导学生形成良好的道德品质和行为习惯，在弘扬中华文化的过程中培育民族精神的时代内涵。增强民族精神教育内容的层次性，首先要把国家意识教育放在首要位置，包括国家观念、国情意识、国家安全、国家自强教育。通过国家意识教育，可以促使学生树立正确的国家观，正确认识和分析形势，正确理解党的路线、

① 习近平：《在纪念红军长征胜利80周年大会上的讲话》，人民出版社2016年版，第9页。

方针、政策，自觉维护国家安全，增强对社会主义事业的信心。目前大学生“思想道德修养与法律基础”课程中民族精神教育主要从坚持爱国主义和社会主义相统一、维护和推进祖国统一、增强国家安全意识等方面对学生进行国家意识教育。“形势与政策”课程注重对学生进行基本国情、国内外形势、相关政策等方面的教育。国家自强的相关教育内容稍显薄弱，在今后的高校思想政治教育过程中应不断加强。其次，要将文化认同教育放在突出位置，包括民族语言、民族历史、革命传统和人文传统教育等。通过文化认同教育培养大学生的民族心理、民族个性、民族精神，增强大学生对民族和国家的认同感、归属感、凝聚力和向心力。“思想道德修养与法律基础”和“中国近现代史纲要”课程从维护祖国统一和民族团结、尊重和传承中华民族的历史文化和革命传统等方面对学生进行文化认同教育，但是教育内容相对零散，缺乏系统逻辑梳理。最后，要将公民人格教育放在重要位置，包括社会责任、诚信守法、平等合作、勤奋自强教育。通过公民人格教育，使大学生勇于承担国家与民族赋予的使命，促进人格的完善和精神境界的提升，始终保持积极进取、艰苦奋斗的昂扬斗志，以自身的行动去实现社会发展和民族振兴。公民人格教育在“思想道德修养与法律基础”课程民族精神教育内容中并未直接体现，而是隐晦贯通在高校思想政治教育的过程中。在对学生进行公民人格教育的过程中要注意理论与实践的有机结合，既要注意基础理论知识的普及，也要增加生动的事例，将公民人格教育与日常生活联系起来。

四、优化高校思想政治教育文化育人环境

社会主义先进文化是国家治理现代化顺利推进的深厚支撑。文化具有塑造思想政治观念、锻造理想信念的重要功能。校园环境作为一种环境教育力量，对高校思想政治教育具有直接、持久和深刻的影

响。因此，优化高校思想政治教育校园文化环境，既是社会主义先进文化建设增强民族认同、凝聚民族力量的内在要求，也是高校思想政治教育增强实效性的必然选择。

重视校园人文环境培育，发挥校园文化熏陶作用。学校要重视校园人文环境的建设，将全面推进校园文化环境建设纳入学校长远发展规划。校园文化建设在培养学生对共产主义理想信念的追求、实现人生价值方面具有重要作用，但是校园文化环境的建设并非一旦一夕可以完成的，不是一蹴而就的，需要长期积累和努力。目前，我国大部分高校并未将校园文化建设纳入学校总体规划。总体而言，校园文化建设系统性、整体性相对不足，缺乏长远眼光和规划，致使校园文化环境在增强思想政治教育实效方面的作用被弱化。高校在未来的学校规划和发展中应当正视校园文化环境对人才培养的突出贡献，把校园文化建设与学校教育工作相衔接，推动形成学校重视、师生共建共享校园文化环境建设的生动局面。

学校要重视优良校风建设。校风是长期发展过程中形成的一种关于办学思想和培养目标的风尚，是一个学校思想、道德、纪律、作风以及治学态度和精神风貌的综合反映和外在表现，包括教风、学风和其他作风。积极的校风对激发学生创造力，培养学生责任感、成就感、荣誉感有较强的推动作用。因此，要不断加强校风、校训宣传教育，注重网络阵地建设，在学校形成健康的舆论氛围；提高教师的育德意识和育德能力，树立严谨的治学态度，端正教学态度，塑造教书育人的教育环境；加强学生制度建设，帮助学生形成良好的学习态度和学习习惯，培育优良学风，形成奋发进取的学习环境。

学校要努力构建校园文化精神的坚实阵地。要重视学校优良传统的教育，挖掘和梳理学校的发展历史，做好见证学校历史的发展的文献、影视资料和实物陈列工作，绘声绘色地展示学校办学历程，充分挖掘校史中蕴含的感人史实、人物、事迹等思想政治教育素材；举办优秀校友返校报告、校庆纪念活动等，树立并增强师生对自己学校的光荣感和自豪感；对于具有特殊教育意义和仪式感的校园文化活动，要精心设计各个活动环节，使其内含的教育意义得到最大限度的发挥。

五、强化高校思想政治教育队伍能力

高校思想政治教育队伍作为思想政治教育活动的主体和管理主体，要不断提升自身综合素质能力的现代化水平。

（一）筑牢底色，加强师德师风建设

教育发展，教师为本；教师素养，师德为先。师德师风是教师职业的灵魂。《教育部关于进一步加强和改进师德建设的意见》指出，要着力增强和改进师德师风建设，进一步增强广大教师的使命感、责任感和教书育人、为人师表的自觉性，努力培养造就一支高素质教师队伍。教师队伍的道德素质和精神风貌直接关系到教育的形象和学生的健康成长，关系到国家的前途命运和民族的未来。因此要不断加强师德师风建设，筑牢立德树人的基础。

第一，营造良好的师德师风建设氛围。师德师风建设不能仅仅依靠工作者个人的内在要求和自觉行动，良好外部环境的潜移默化影响也必不可缺。对目前存在的师德师风问题分析可知，学校对师德师风建设的重视程度不够是造成师德师风问题的原因之一。学校应当以思想政治教育者师德师风的要求为依据，制定切合实际、具有可操作性的教师行为规范，不断改进思想政治教育者队伍建设与科学管理的规范体系，引导思想政治教育者以道德准则规范自身行为。同时要树立典型，通过张贴板报、大会表彰等形式对先进教师的事迹进行广泛宣传，营造良好的师德师风宣传教育氛围，鼓励教育者关注自身师风师

德建设，以师德师风规范要求自己，不断提升自身道德修养。

第二，创新师德师风建设的内容和方式。内容上，重视教师的心理健康状况，定期对教师展开心理健康检测与疏导工作，确保教师的心理健康状况良好；着重提升教师的职业道德素质，坚守教师的职业操守，不断提高自身的业务能力；增强教师的法治观念，不断提升教师知法、守法的自觉性。形式上，要勇于突破传统的建设模式，结合时代特征和教师的心理特点，积极探索师德师风建设的新渠道、新途径、新平台。

第三，完善师德师风建设的机制。一是制定和落实监督机制，形成社会、学校、家庭教育对象多位一体的监督模式。通过开设匿名举报信箱、述职报告等方法展开监督，切实提升监督的针对性和实效性。只有加强对师德师风的严格监督，各项奖励、约束机制才能够更好地发挥作用。随着网络信息的迅速发展，线上监督将会使师德师风监督更加高效便捷，这将有力地推动师德师风建设的发展。二是建立思想政治教育者师德师风建设评价激励机制。对思想政治教育者的评价应基于其现有的发展水平、工作情感态度与价值观、未来的发展潜能与需求，进行较为全面、综合的评价，同时鼓励民主参与、全员评价、全面评价与共同进步。

（二）对照要求，巩固队伍专业能力

习近平总书记在学校思想政治理论课教师座谈会上提出了“政治要强、情怀要深、思维要新、视野要广、自律要严、人格要正”六个要求。这不仅是思政课教师队伍建设的重要标准，也是高校思想政治教育队伍提升素质和能力的努力方向。

第一，高校思想政治教育队伍的政治素养要强。首先，高校思想政治教育者要有坚定的政治信仰。要站稳党性立场，始终与党同心同

德，自觉学习马克思主义和党的最新理论，尤其要深入学习习近平新时代中国特色社会主义思想，认真学习党和国家的方针、政策以及在重要历史节点上国家领导人的重要讲话，不断更新自己的知识体系，进而提升自身驾驭知识的能力。其次，高校思想政治教育者要有优秀的政治品格。锤炼忠诚、干净、担当的政治品格，要坚持对党忠诚，坚定共产主义信仰，牢固树立“四个意识”、坚定“四个自信”，坚决做到“两个维护”，恪守师德，坚守教学的政治纪律，努力成为担当民族复兴大任的时代新人。最后，高校思想政治教育者要有过硬的政治能力。针对意识形态领域流行的各种错误思潮和不良现象，要善于运用马克思主义的立场、观点和方法进行辨别和抵御，在大是大非面前态度鲜明、站牢立场，在政治方向、政治原则和政治道路上始终与党中央保持高度一致。

第二，高校思想政治教育队伍的家国情怀要深。高校思想政治教育者对国家的情怀要深，始终心怀国家和人民。在向学生授业解惑时，要引导学生关注时代发展和社会最新动态，始终把自身的人生价值和理想与祖国的伟大梦想相衔接，不断提高自身道德素养，将自身的家国情怀融入教书育人和为国育才的实际行动中。高校思想政治教育者不仅要具备胸怀民族和国家的大格局，还要有家的情怀。高校思想政治教育要兼具传播大道的职业使命和授业解惑的热忱，在传授科学文化知识和做人做事道理的过程中，对学生进行情感、心理和精神上的关怀，增强思想政治教育的亲和力和感染力。

第三，高校思想政治教育队伍的思维方式要新。创新思维方式，确立理解教育的思维模式，是解决学生问题的重要基础，更是新时代要求思政课教师所要具备的基本素质。高校思想政治教育者要紧跟时代潮流，更新知识结构、提升理论素养、贴近受众心理、创新表达方式，以马克思主义的原理、观点、方法夯实理论体系的根基，锤炼和提升自身理论联系实际的能力和对社会现实问题的分析解释能力，在深刻把握思想政治教育规律的基础上，从时代特点和学生实际出发，培养学生形成科学的思维方式、掌握正确的思维方法，并学会用全面、客观、辩证的观点去看待和解决各种现实问题。

第四，高校思想政治教育队伍的视野要广。首先，高校思想政治教育者要有宽广的知识视野。思政课教师应博览各类哲学人文社会科学知识，勇于学习新业务、新知识，不断巩固、更新、充实和完善自己的知识储备，要不断适应社会发展变化，积极参加符合研究方向以及所属学科的培训班、进修班，做一个具有吸引力的思想政治教育工作者。其次，高校思想政治教育者要有宽广的国际视野。随着全球治理体系和国际秩序变革快速推进，各国之间相互联系和相互依存的程度不断加深，同时我国国际地位不断提升，我们越来越需要在全球视野和国际背景下予以考量和解决问题，这也要求高校思想政治教育者要具备国际眼光和全球视野。最后，高校思想政治教育者要有宽广的历史视野。思政课教师需要博古通今，只有具有历史视野，才能辩证地、科学地看待问题，才能引导学生更好地认识世界，从而更好地认知和改造自己。

第五，高校思想政治教育队伍的自律要严。思政课教师要对自己高标准、严要求。教师是学生学习的典范和榜样，是学生的“活教材”。思政课教师要规范自身言行举止，树立廉洁从教的良好形象，做到言行一致、知行合一，时刻注意自己的言行。不论是在工作还是生活中、现实的还是虚拟的，与党和国家的路线方针及思想政治理论课教学方向相背离的各种错误言论一律不向学生传播，不利于学生综合素质提升和身心健康成长的各种不良情绪坚决不向学生传导。

第六，高校思想政治教育队伍的人格要正。高校思想政治教育者担负着以德育德、立德树人的特殊任务，要在全面认识和掌握以德立身、以德立学、以德施教、以德育德基本规律的基础上，不断提升自己的理论基础、学识水平、思想境界、人格魅力和道德修养，在把丰富的科学文化知识传授给学生的同时，要用自己的高尚人格影响学生、感化学生，从而实现对学生品性的陶冶和人格的化育。

（三）整合资源，提高协同互动能力

高校思想政治教育是一项长期的系统工程，高校所有教职工对此都负有重要责任，而不是某个学院、某个部门的任务。高校要形成思想政治教育的合力，首先，要增强教职工合力育人的意识与认知。高校领导应在会议、讲座等场合宣扬和强调合力育人的教育理念，明确教职工在思想政治教育中应承担的职责和任务，改变一部分教师认为思想政治教育是思政课教师的任务的错误认识，增强其他教师对学生思想政治教育的责任意识。其次，要注重发挥辅导员的作用。辅导员管理着学生生活和学习的各个方面，与学生联系紧密，交流较多，对学生心理、思想行为的认知和变化最为了解，对学生人生观、价值观的教导效果显著。他们手上掌握着学生的“一手资料”，能够找准学生的问题并对症下药。再次，要加强学业导师和各任课教师之间的交流与合作。推动双方分享彼此的教学目标，把思想政治教育融合、渗透到课程教学中，使思想政治教育课与其他专业课、公共课形成合力，以多种形式增强理想信念教育的趣味性、感染力与说服力，优化教育效果。最后，还要加强各个部门间的通力协作。在管理层面，在学校党委领导下做好意识形态的引领工作。在执行层面，党委组织部和党委宣传部要统筹协调，共青团、学生会以及艺术团体要通力合作，在共同的目标下组织各种活动，在不断沟通中设置活动形式，在优势互补中合力做好对党的理论、制度的宣传工作。

高校思想政治教育工作者还要增强与家庭和社会互动的能力，提升凝聚思想政治教育合力效果。一方面要加强与家庭的互动。家庭和学校是学生成长的主要环境，双方的良好互动可以有效提升高校思想政治教育的效果。班主任、辅导员等思想政治教育专职工作者应保持与学生父母之间的联系，及时了解和掌握学生的成长背景、性格特征、心理状况等信息，从而制定更具针对性的教育方案；定期与学生家长通过电话、电子邮件等渠道进行联系，建立畅通的交流机制，形成良好的沟通关系，努力寻求家庭教育和学校教育在思想上的共同点。与此同时，增加家庭与社会的互动。积极建立家庭行为示范机制，大力宣传和表彰家庭美德榜样、道德典范，引导其家庭成员和其他家庭自觉形成正确的道德认识，形成良好的家庭氛围。另一方面要加强学校与社会的互动。学校应当加强对学校周边环境的综合治理，使学生能在健康、安全的环境中学习和生活。同时，学校也要高效利用各种社会资源，积极参加社会组织举办的各种有益学生成长的相关活动，主动与党政工青妇联等各组织积极联系，相互配合、共同参与，一起促进教育事业的发展。

六、完善高校思想政治教育机制

国家治理现代化的突出特点就是制度建设，而管理制度是思想政治教育内容的重要方面，实施教育的依据也是制度和政策。教育管理如果没有一定制度的约束，教育本身就会缺乏力度。因此，高校思想政治教育创新离不开制度机制的完善。

（一）党委领导，完善参与主体工作责任机制

高校要在党委的统一领导下形成各级党组织、部门人员责任明确、齐抓共管、相互配合的高校思想政治教育领导机制，以充分调动

学校各部门的积极性，为高校大学生思想政治教育提供强有力的组织领导保障。

加强和改善党对高校思想政治教育的领导，完善高校党的领导体制。只有充分发挥党在教育领域中的核心领导作用，才能最终实现高校思想政治教育目标；只有不断加强党对高校教育的政治领导、组织领导和思想领导，才能保证高校的社会主义办学性质和方向。高校党委对本校工作实行全面领导，履行管党治党、办学治校的主体责任，切实发挥领导核心作用。高校院系党组织是院系一级政治核心，是党在高校的基层组织，承担着为院系改革和发展提供政治保证和思想保证的重要职责。院系党组织要切实推进院系党组织的先进性建设，在思想上达到统一，从而成为构建和谐校园的主导力量，成为广大基层党员精神上的旗帜。同时，院系党组织要与院系行政领导班子密切交流合作，整合院系各方面的资源，共同加强思想政治教育。

党委领导并不是包办一切，而是充分尊重校长的行政领导地位，坚持和完善高校党委领导下的校长负责制。首先，校长应该全面贯彻执行党的教育方针政策，在学校各项工作中将思想政治放在第一位，认真执行党委的决定决策，做好教学工作、科研工作和行政管理工作，同时把思想政治教育与其他各项业务工作相结合。其次，校长要承担起培养大学生德智体美劳全面发展的重要责任，推动思想政治教育与课堂教学、科研活动、社会志愿服务等相互结合，做到同时部署、检测以及评估。最后，校长还要承担起对思想政治教育认真全面的领导职责，通过加强对思想政治教育的改革和完善，充分激发和调动大学生的积极性、主动性和创造性，更好地促进教师完成教学工作、科研工作，增强思想政治教育的实际效果。

高校思想政治教育的队伍结构呈现多样化，各个岗位的工作性质不同，教学内容和履行的职责有所差异，很容易出现怠慢、不重视甚至互相推诿的不良现象。要规避这些不良现象，就必须完善工作责任机制，将责任安排到具体的部门和个人，设定相应流程，并加强流程规范化，没有特殊情况必须按照流程走，通过规范流程避免互相推诿的现象发生。高校应根据我国思想政治教育的总纲领以及高校思想政治教育的总要求明确思想政治教育的目标，管理工作需围绕该目标来开展。思想政治教育的目标可分为总目标和分目标，总目标是大学生完成大学学业期间所接受的思想政治教育要达到什么目标，分目标是不同年级要制定不同的教育目标。目标的制定要结合新形势、新要求以及大学生的需求和实际情况。通过目标的确定提升相关负责人的正确认知和责任意识，让他们不再认为思想政治教育是“软工作”。

（二）促进调整，完善思想政治教育评价机制

对思想政治教育过程及其取得的效果进行实事求是的解析，然后做出客观评价的一系列途径和方法的总和就是思想政治教育评价机制。高校思想政治教育评价机制是否完备合理，对教育对象的学习积极性和教育者的教学积极性有着至关重要的影响，对教学效果和教学质量有着决定性影响。因此，要不断完善高校思想政治教育评价机制，提高思想政治教育质量和效果。

一方面，要构建和完善高校思想政治教育的评价指标体系。高校思想政治教育评价指标体系既要反映高等教育的自身特点和规律，又要反映高校思想政治教育工作的实际特点，同时还要将大学生的思想行为实际特点考虑在内。高校思想政治教育设立的评价指标不仅要反映物质成果，也要反映精神成果，即指标的设计要以人的思想、情感、态度等精神因素为主，还应该包括德、能、勤、绩等物化后的成果。由于高校思想政治教育效果的体现必然滞后于教育本身，往往需

要一段时间才能体现出来，因此评价工作应该在常态化、动态性中进行，不能仅凭一次评价活动就对教育效果下结论。高校思想政治教育效果表现形式复杂多样，在进行评价时要综合把握大学生思想意识在个体纵向上与以往的联系，以及和不同个体的横向联系。高校思想政治教育是一个完整的科学体系，在评价中要做到局部和整体的有机结合，充分考虑环境和其他外部因素对教育效果产生的影响。最后，评价工作还要根据不同的对象设计评价要求和指标。只有这样，评价才切合实际，才具有参考价值。

另一方面，高校思想政治教育是由主客体共同参与完成的，在对高校思想政治教育进行评价时，除了引入教师和学生评价外，还应当引入校外机构参与评价。首先，参考专业教师的评价。让专业教师从专业教学的角度分析、评判思想政治教育工作，提出专业的建议，进一步完善高校思想政治教育。其次，学生作为思想政治教育的感受者、接受者，理应成为评判者。大学生评价的内容可以依照思想政治教育的主要工作职责设置学生教育、学生管理以及学生服务三大板块，通过大学生对所接受的思想政治教育的主观感受和他们反映的思想政治教育工作开展情况的客观数据进行综合评价。最后，成立高校思想政治教育校外评价机构。作为第三方的校外评价机构，可以借助管理科学中的监测、评价方法，以专业的视角对思想政治教育工作的实践结果进行多形式、多层次、多方面的综合性评价，使评价结果更加客观公正。

高校思想政治教育工作评价具有诊断、坚定、反馈、调控和导向的功能，加强和完善教育效果评价机制不仅有助于提高教育对象的思想道德水平和政治素养，而且有助于健全高校思想政治教育工作机制，发展和创新教育方式方法，提升教育效果，推动高校思想政治工作上水平、上台阶。

第二节　国家治理现代化理论融入各门思政课程

新中国成立70多年来，特别是改革开放40多年来，中国特色社会主义制度日益巩固、成熟和发展，中国特色社会主义社会治理之路日益显现出巨大的生命力和优势，给世界不同制度的国家贡献中国智慧和中国方案，中国之治的吸引力和感召力也越来越强。面向未来，迎接挑战，需要一代又一代的中国人接续奋斗，需要广大青年接过推进中国特色社会主义伟大事业的接力棒，发扬青年一代的奋斗和拼搏精神，把我国的制度优势继承好、发挥好、巩固好，使之更加成熟稳定，确保持续推动“中国之治”进程。促进党的国家治理思想融入高校思政课是推进这一战略工程的关键所在，思政课教学在讲好国家治理优势方面任重道远，使命重大。高校思政课教学必须在教学理念、教学载体和教学内容上下功夫，引导当代大学生坚决贯彻党的方针、政策。

一、坚持以学生为中心的教学理念

思政课教学过程中，学生是主体，教师是主导。将党的国家治理思想融入思政课教学工作，必须始终坚持树立以学生为中心的理念，围绕学生的学习来设计，培养一代又一代拥护中国共产党领导和社会主义制度、立志为中国特色社会主义伟大事业奋斗终身的有用人才。高校思政课教师要在教学中使学生的学习目的和要求得到最广泛表达和反映，最大限度地发挥学生学习的积极性、主动性、创造性，提升思政课的亲和力和针对性，增强时代感和吸引力。高校思想政治工作本质上是做人的工作，必须始终围绕学生、关照学生、服务学生，把立德树人的根本任务贯穿全过程。青少年阶段是人生的“拔节孕穗期”，最需要精心引导和栽培。高校思政课要紧紧围绕学生，与时俱进地按照学生能够接受的方式进行教学，引导大学生扣好人生第一粒扣子。在将党的国家治理思想融入高校思政课教学问题的研究中，用扎实的理论基础和丰富的实践活动感染学生、赢得学生，用70多年来党领导人民进行国家治理的丰富经验感召学生，为培养一代又一代社会主义建设者和接班人提供重要保障。

二、注重运用有效的教学方法

教师要运用多种方式进行教学，不断增强思政课的思想性、生动性和吸引力。将透彻的案例分析和比较与理论相结合，将国家各项改革的实践案例融入思政课课程当中，用深入浅出的教学说服学生，用真理的强大力量引导学生，使学生更加深入地了解国家治理现代化方方面面的伟大实践。党的国家治理思想研究指导着我国建设的各个领域的伟大实践，也基本囊括了大学生所学专业和未来择业取向的方方面面。因此，可以充分利用适合的媒体形式进行选择，将国家治理案例与学生所学专业结合，做好所学与所用的深度融合。具体来说，可以通过比较式教学、案例教学等方式对国家治理的相关经验和其他内容进行讲授，使学生在比较和分析案例中进行研讨、学习，加强认知，在潜移默化的过程中对相关知识形成印象。

三、科学设计教学内容

高校思政课包含的五门课程在教学目标和侧重点上各有不同，必须根据学科特点科学设计国家治理现代化方面的教学内容，发挥教师的组织和导向作用，充分调动学生的积极性，这样才能达到良好的育人效果。

党的十八大以来，新时代的伟大变革在党史、新中国史、改革开放史、社会主义发展史、中华民族发展史上具有里程碑意义。走过百年奋斗历程的中国共产党在革命性锻造中更加坚强有力，党的政治领导力、思想引领力、群众组织力、社会号召力显著增强，党同人民群众始终保持血肉联系。中国共产党在世界形势深刻变化的历史进程中始终走在时代前列，在应对国内外各种风险和考验的历史进程中始终成为全国人民的主心骨，在坚持和发展中国特色社会主义的历史进程中始终成为坚强领导核心。中国人民的前进动力更加强大、奋斗精神更加昂扬、必胜信念更加坚定，焕发出更为强烈的历史自觉和主动精神，中国共产党和中国人民正信心百倍推进中华民族从站起来、富起来到强起来的伟大飞跃。改革开放和社会主义现代化建设深入推进，实现了经济快速发展和社会长期稳定两大奇迹，我国发展具备了更为坚实的物质基础、更为完善的制度保证，实现中华民族伟大复兴进入了不可逆转的历史进程。科学社会主义在 21 世纪的中国焕发出新的蓬勃生机，中国式现代化为人类实现现代化提供了新的选择，中国共产党和中国人民为解决人类面临的共同问题提供更多更好的中国智慧、中国方案、中国力量，为人类和平与发展崇高事业作出新的更大的贡献。

在高校思政课中融入党的国家治理思想，不仅是一项战略性任务，也是目前高校教学的核心要求与发展方向，对于学生全面了解党的国家治理现代化的历史和当前发展方向具有重大意义。为此，思想政治理论课教学工作者必须坚定信心，保持定力，锐意进取，开拓创新，弘扬奋斗精神、创新精神，大胆探索、大胆实践，牢牢把握党中央指示精神。加强理论学习和多种教学方式相结合的教育，提升学生思想政治素养，进一步坚定马克思主义信仰和实现共产主义的理想信念，用发展的眼光解决前进的问题，不断提升思政教学水平，为坚持和完善中国特色社会主义制度、推进国家治理体系和治理能力现代化、实现“两个一百年”奋斗目标、实现中华民族伟大复兴中国梦的伟大目标培养合格的建设者和接班人，为中国特色社会主义教育事业提供蓬勃动力。

第三节　改革成功的关键——课程改革

思政课作为我国学校教育的一大特色和优势，是学校对青少年进行思想政治教育的主渠道和主阵地。习近平总书记在学校思想政治理论课教师座谈会上强调，思想政治理论课是落实立德树人根本任务的关键课程。将思政课提到“关键课程”的战略地位，彰显了以习近平同志为核心的党中央对思政课建设的高度重视。为了更好地贯彻落实习近平总书记的讲话精神，中共中央办公厅、国务院办公厅印发《关于深化新时代学校思想政治理论课改革创新的若干意见》（以下简称《意见》），给新时代思政课改革创新指明了方向和基本要求。关于如何重视和加强思政课建设的问题，在深刻领会中央《意见》精神的前提下，高校思政教育必须在课堂教学、内容建设、教师素质和党的领导这四个关键点上精准发力，久久为功，努力把思政课建设推向新境界。

一、课堂教学是基础

课堂教学是学校教育的基础和最基本环节。学校教育目标是通过一定的课程设置和课堂教学来实现的，思政课作为我国学校教育的重要组成部分，理当把课堂教学摆在第一位。课堂教学是思政课教师做好教书育人本职工作必须坚守的主阵地，也是我国大中小学对青少年进行系统化、理论化马克思主义思想政治教育的主渠道。近年来，思政课越来越强调实践教学，但课堂教学依然是主要形式，课堂教学的质量和效果依然是衡量思政课建设水平的主要方面。因此，任何思政课改革创新都不能以淡化乃至弱化课堂教学为代价。

如何抓好课堂教学这个基础？学校要把课堂教学纳入思想政治工作总体布局来谋划和推进，特别是制定符合思政课特点要求的课堂质量评价体系和激励约束机制，一方面使之规范思政课课堂教学，另一方面引导思政课教师用心于课堂教学。教师须确立“以生为本”的教学理念，针对不同学段学生的认知规律和接受特点合理安排教学步骤，精心设计、组织课堂教学，充分利用图片、音像等可收集、可呈现的素材，发挥现代多媒体技术的长处，把抽象的理论教学与形象的直观教育结合起来，努力调动学生参与课堂的热情和兴趣。同时，作为课堂教学的补充、拓展和深化，实践教学也应被重视，将第一课堂与第二课堂结合起来，使思想理论与社会实践接轨，增强教学活动的时代感、吸引力和感染力，从而在整体上提高思政课教学质量和效果，让学生有更多的获得感。

二、内容建设是核心

在思政课改革创新中，各种教学形式的探索十分重要。新颖的教学形式有助于表达内容，“好内容”也需要寻找更好的表达方式。可以说，适当强调教学方式方法创新有一定的必要性和合理性，但以往有一段时间，思政课教学中也存在过分强调现代教育技术手段作用及运用的问题。从长期来看，如果不注重内容、脱离内容而一味强调新技术新手段，无疑失之偏颇，也不可能有长久持续的好效果。马克思主义认为，在内容与形式的关系中，内容是基础，对形式起着决定性的作用。所以，推进思政课改革创新应该牢牢把握内容建设这一核心，坚持内容为王，把重点放在课程内容上，避免简单化、贫乏化和肤浅化的倾向。只有不断增强思政课教学内容的思想性、理论性、亲和力和针对性，才能从根本上发挥好思政课解疑释惑的育人功能。

重视和加强思政课内容建设，需把握好三点：一是满足学生的成长需求和发展期待。思政课内容建设要以了解学生思想动态和需求期待为前提，发挥对教学对象的价值引领作用，帮助学生构建科学的世界观、人生观及价值观，逐步消除他们成长中的烦恼和思想上的困惑。二是坚持理论联系实际的根本原则。在厘清教材基本内容的基础上，尽可能联系鲜活的“中国故事”，结合看得见、摸得着、感受得到的国家发展、社会进步、人民生活改善的现实，使抽象理论回归生活实际，让课程内容“活起来”。这是马克思主义实践性的根本要求，也是马克思主义强大解释力和真理力量的充分体现。三是充满正能量。思政课是以一定知识含量为载体的价值观教育，所以教师应更多地选择一些对学生具有向上向善、正向正面价值的课堂内容，诸如身边的好人好事、红色革命故事和中华优秀传统文化等，使之可亲、可感、可爱，给学生心灵埋下真善美的“种子”。当然，重视内容不是也不可以忽视形式，而是强调形式要与内容辩证统一，要切实服务于内容，有利于推进思政课建设。

三、教师素质是关键

百年大计，教育为本；教育大计，教师为本。在学校教育活动中，教师始终起着主导作用。就思政课建设而言，无论哪一方面、哪个环节，都离不开广大教师的积极性、主动性和创造性。没有思政课教师主体性的发挥，就不可能有高质量的思政课。消化和吃透教材知识，实施教材体系向教学体系转化，精心组织教学内容，选择适当的教学手段，开展高质量的课堂教学等，所有这些均与授课教师的知识积累、教学风格、理论水平、话语表达、精力投入等因素密切相关。拥有什么样的思政课教师，就会有什么样的思政课。在思政课一系列改革创新中，思政课教师都扮演着重要角色。正如习近平总书记指出的，办好思想政治理论课关键在教师，关键在发挥教师的积极性、主动性、创造性。

作为办好思政课的重要抓手，思政课教师队伍建设处于关键地位。各地方各学校加强教师队伍建设的第一步，就是严格对照教育部的相关要求，从人财物、办公条件、职称晋升、评优奖励等方面予以充分保障，提高现有教师基本待遇，以吸引更多优秀人才充实后备队伍。同时，更要提升教师素质。一个人遇到好老师是人生的幸运，一个学校拥有好老师是学校的光荣，一个民族源源不断涌现出一批又一批好老师则是民族的希望。什么是好老师？思政课好老师的标准有哪些？习近平总书记提出“六个要”，即政治要强、情怀要深、思维要新、视野要广、自律要严、人格要正。这是衡量新时代优秀思政课教师的基本规范，也为广大思政课教师的职业操守、成长发展明确了努力方向和基本要求。广大思政课教师应该自觉对标，紧跟时代步伐，不断提高素质，提升个人修为，争做学生喜爱的好老师。

四、党的领导是根本

办好中国的事情，关键在党。中国共产党的领导是中国特色社会主义的最本质特征，是中国特色社会主义制度的最大优势。只有坚持党的领导，才能确保目标始终如一、方向正确，以及政策举措的落地生根、开花结果。因此，办好思政课要坚持党的领导，以统揽全局、凝聚力量、协调各方。我们党一贯重视学校思想教育工作。党的十八大以来，以习近平同志为核心的党中央站在事关党和国家事业发展全局的战略高度，就加强教育工作和思政课建设采取一系列改革措施，取得了显著成就。可以说，坚持党的领导是办好思政课的根本保证，这是新中国成立 70 多年来学校思政课建设的宝贵经验和根本结论。

在新时代，要把思政课越办越好，就依然需要有党的坚强领导这一根本保障。顺利完成立德树人的根本任务，单靠学校力量是不够的，需要建立党委统一领导、党政齐抓共管、有关部门各负其责、全社会协同配合的工作格局，推动形成全党全社会努力办好思政课、教师认真讲好思政课、学生积极学好思政课的良好氛围。此外，还必须建立健全各级党组织领导思政课建设的考核标准，将其作为核心指标纳入对学校主要领导的政绩评价体系，定期或不定期实施巡查和督查，检查贯彻落实中央关于思政课建设政策的过程中是否有形式主义或“短斤少两”现象，确保中央关于加强思政课建设的各项政策落实到位。总之，坚持和加强党对思政课建设的领导，要求各级党组织从政治高度和大局出发，把思政课建设摆上重要议程，找准发力点，拿出真招实策，推动解决制约思政课建设的突出问题，发挥好思政课作为“关键课程”在教育引导青少年立德成人、立志成才方面不可替代的作用。

第五章　融入重点

“毛泽东思想和中国特色社会主义理论体系概论”（以下简称“概论”）课程是高校本科生必修的思想政治理论课。开设“概论”课的目的，主要是让大学生比较全面、准确地理解和把握毛泽东思想和中国特色社会主义理论体系，培养学生用马克思主义立场观点方法分析问题和解决问题的能力，坚定其理想与信念。国家治理现代化理论融入“概论”课教学是本书的研究重点。

课堂教学是高校最为重要的理论阵地。高校思想政治理论课的课堂讲授不能离开教材，因为由中央审定的教材规定了教学的基本内容和基本观点，提出了基本遵循。但是又不能照搬教材，那种照本宣科或者基本上是照着教材讲课的做法，是不可能收到好的效果的。高校教师在思想政治理论课的课堂讲授过程中，必须对教材进行合理解读和技术改造，必须完成由教材体系向教学体系转化。课堂教授过程中要充分发挥教师的主导作用，注意增强马克思主义理论的说服力和感染力。

教师对教材的合理解读和技术改造的目的是使思政课成为一门科学，而不是说教。在这一过程中教师必须遵循以下原则：一是不违背教材的基本精神，但应当创造性地、科学地守护主流意识形态，使思想政治理论课的学术性整体上得到加强，使其每一个观点和理论都经得起逻辑和实践的双重检验；二是把教材的主体内容归纳在一个比较严谨的学术框架之中，调动一切有用的思想资源，合理解释历史以及理想与现实的矛盾，从而释放被遮蔽的事实和事实背后的真理；三是对教材的内容进行整合，有所取舍，没有必要机械性地照搬教材、对教材的每一章节都平均用力或面面俱到，而要集中精力，深入解读那些有重大意义或迷惑性的普遍性问题，并改变那种刻板而独断的言说方式，把它们转换为现场的双向讨论式及口头叙事。

“概论”课教学改革是思政课程教学改革的重点，改革对提高教育质量、培养创新人才、适应社会需求等方面都具有重要的理论和现实意义，是教育发展的重要方向。

国家治理现代化理论融入“概论”课教学的理论意义在于，以国家治理为视角对毛泽东思想和中国特色社会主义理论体系进行研究能够填补这一领域的空白。2022 年 5 月 2 日，知网数据显示：以“中国特色社会主义理论”为主题进行查询，共有 45977 条记录；以“国家治理”为主题进行查询，共有 74315 条记录；以“国家治理”“中国特色社会主义理论”为主题进行查询，只有 958 条记录。由此可见，国内以国家治理为视角进行中国特色社会主义理论体系研究的成果少，系统性的理论成果比较少，用这一视角对思政课进行教学研究与改革的研究就更少。本书力争用社会学、政治学、历史学等多学科方法，以国家治理为分析“概论”课内容的新视角，在分析和探究新形势下国家治理特点和规律的基础上，以马克思主义解决中国现实问题、创新国家治理体系和治理能力为逻辑的起点，重点研究在国家治理实践中实现马克思主义中国化，在实现中国梦中发展巩固马克思主义，在拓宽中国特色社会主义理论研究的视野中对毛泽东思想和中国特色社会主义理论体系进行严谨的逻辑分析并设计相应教学方案，在课堂上传授更加有效的知识，增强思政课教学效果。

国家治理现代化理论融入“概论”课教学的现实意义在于，“概论”课由教材体系向教学体系转化是上好课程的关键一环。建立“概论”课的教学体系，不是在挑战教材，而是用教材构建一个理论世界，对其内容进行重新解读和编排。学习“概论”课是为了帮助学生系统掌握中国化马克思主义理论的形成发展、主要内容和精神实质，不断增强道路自信、理论自信、制度自信、文化自信，坚定中国特色社会主义理想信念。要实现这一教学目的，必须克服两个最主要的倾向。一种倾向是拘泥于教材体系。教材是教学的依据，但是教材内容体系遵循的是知识逻辑，具有系统性、概括性、抽象性、普遍性等特征，容易导致照本宣科、叙述生硬，不为大学生所喜爱。另一种倾向是仅以学生喜爱的问题为导向。虽然可能获得学生的喜欢，但容易出现“上课哈哈笑、下课一片空白”的现象，碎片化的问题既无法提升学生对中国化马克思主义理论问题的认识，也无法帮助学生用马克思主义立场观点方法分析问题和解决问题，更谈不上实现思想政治教育的功能。本书主要探讨的教学问题是将思政课统编教材转化为有温度、有质量的思政课教学资料，转化为思政课教师的话语体系，提升思政课教学效果，更好实现思政课的教学任务。

第一节　“概论”课教学改革研究综述

“概论”课教学改革是思政课教学改革的一个重点领域，这些改革从教学内容到借助崛起的信息技术改进教学模式、教学方法和手段都产生了大量研究成果和实践经验。本书重点研究“概论”课课程教学内容的改革。对“概论”课的教材内容重新归纳和整理，最为成功的方式就是专题教学。

专题教学始于1997年9月北京大学新开设的“邓小平理论”课专题讲座。自“05方案”提出“探索专题讲授的教学方法”建议以来，一些高校对“概论”课专题教学进行了积极探索。尤其是在2015年7月中央宣传部、教育部联合印发《普通高校思想政治理论课建设体系创新计划》提出各地各高校要积极推进专题教学，凝练教学内容，强化问题意识，构建重点突出、贴近实际的教学体系后，“概论”课专题教学再次成为高校教师积极探索教学改革的重要抓手和学术界关注的热点。开展“概论”课专题教学，设置专题至关重要，学者们根据教材结构及内容的变化设计出不同类型的专题。通过对专题教学的研究，可以反映出“概论”课教学内容改革的现状。国内“概论”课专题研究主要有以下内容。

于昆把“概论”教材内容归纳为15个专题：毛泽东思想和中国特色社会主义理论体系比较研究，科学发展观专题，实事求是问题专题，我的社会主义观——恢复科学社会主义的本来面目，社会主义初级阶段理论，对外开放：中国发展的战略选择，社会主义初级阶段的发展战略，新时期中国城乡差别问题及其对策，中国共产党党内民主专题研究，中国特色社会主义文化专题研究，社会公平问题研究，台湾问题研究，中国国家利益与对外战略，阶级、阶层理论与我国的社会阶层划分，党的执政能力建设研究。[①]

戴剑飞把教材体系重组成10个专题：第一、二章重组成“马克思主义中国化与中国特色社会主义理论专题”，第三、四章重组成“新民主主义革命与社会主义改造理论专题”，第五章“社会主义本质理论专题”，第六章“中国特色社会主义阶段理论专题”，第七、十三、十四章重组成“中国特色社会主义发展动力理论专题”，第八章“中国特色社会主义经济建设专题”，第九章、第十二章重组成“中国特色社会主义政治建设专题”，第十章“中国特色社会主义文化建设专题”，第十一章“中国特色社会主义社会建设专题”，第十五章“中国特色社会主义领导核心专题”。[②]

高书文把“概论”课分为12个专题：马克思主义的中国化，党的思想路线，从新民主主义革命到社会主义改造和改革，从新民主主义到社会主义初级阶段，党的基本路线和基本纲领，社会主义本质和根本任务理论，中国社会主义建设的发展战略，中国特色社会主义的三大基本建设，中国社会主义现代化建设的国际环境和对外关系，党的统一战线和国家统一，军队和国防建设，加强党的建设。[③]

齐晓安把“概论”课设计为16个专题：马克思主义中国化与中国马克思主义的发展，马克思主义中国化的精髓及理论成果创新的永

---

① 参见于昆：《“概论”课专题教学的回顾与思考》，《思想政治教育研究》2010年第6期。

② 参见戴剑飞：《论高校“概论”课专题教学三个创新》，《教育与职业》2014年第8期。

③ 参见高书文：《开展专题教学 提高“概论”课教学效果》，《山西高等学校社会科学学报》2010年第11期。

恒生命力，新民主主义革命理论——开创马克思主义中国化先河的伟大成果，社会主义改造理论及对社会主义建设规律的求索和启示，社会主义本质的再认识——中国特色社会主义的逻辑起点，社会主义初级阶段——中国特色社会主义的基本国情，改革开放——中国特色社会主义振兴的必由之路，中国特色社会主义经济制度与社会主义市场经济体制，转变经济发展方式、实现经济科学发展，中国特色社会主义民主政治——盛国兴政之基，社会主义核心价值体系与中国特色社会主义文化发展，构建社会主义和谐社会与中国特色社会主义社会建设，实现祖国完全统一的科学构想与实践，当代中国的国际战略、外交政策与建设和谐世界，中国特色社会主义事业的依靠力量与阶级基础和社会基础，中国特色社会主义事业的领导核心与执政党建设。①

曾立荣把“概论”课分为 6 个专题：马克思主义中国化总论专题，中国化马克思主义的革命理论专题，中国特色社会主义理论体系的基础理论专题，中国特色社会主义建设总体布局专题，中国特色社会主义建设的环境问题专题，中国特色社会主义事业领导核心专题。②

吕健从 2009 年开始，根据课程教学大纲的要求不断摸索，设置了 8 个专题：绪论，马克思主义中国化的发展历程及理论成果的内容与意义，以毛泽东为核心的第一代领导集体对中国革命的理论贡献，我国对社会主义基本问题的认识，中国特色社会主义经济政治与文化，国际形势与祖国的完全统一，中国特色社会主义事业的依靠力量

---

① 参见齐晓安：《对“毛泽东思想和中国特色社会主义理论体系概论”专题教学体系的探讨》，《思想理论教育导刊》2010 年第 12 期。

② 参见曾立荣：《浅谈“概论”课专题教学》，《教育探索》2011 年第 3 期。

和领导力量，构建社会主义和谐社会。[①]

石明忱根据“概论”课程的特点和实际教学的需要，把“概论”课分为理论性专题与实践性专题两大类。按照理论与实践两个划分标准，将教材内容归纳为15个专题，即马克思主义原理11个理论性专题和以老工业基地建设为代表的4个实践性专题。[②]

李辉山把“概论”课设计为7个专题：马克思主义中国化与青年大学生成长，马克思主义中国化历史进程、理论成果和理论精髓，马克思主义中国化第一大理论成果——毛泽东思想，中国特色社会主义理论体系的理论基础，深刻认识中国特色社会主义的总体布局，中国特色社会主义建设的外部条件，中国特色社会主义建设的保证。[③]

王冬冬根据教学大纲归纳整合了12章教材内容，设置了8个专题：马克思主义中国化总论，中国特色的新民主主义革命理论和社会主义改造理论，社会主义的本质和总任务，建设中国特色社会主义的总依据，社会主义改革开放理论，建设中国特色社会主义总布局，祖国统一的构想和外交政策，中国特色社会主义事业的领导核心和依靠力量。[④]

“概论”课依据教材以专题化方式对教学内容改革，以上分析各

---

① 参见吕健：《专题教学法的实践与思考——以“毛泽东思想和中国特色社会主义理论体系概论”课为例》，《思想理论教育导刊》2012年第3期。

② 参见石明忱：《毛泽东思想和中国特色社会主义理论体系概论课专题教学探讨》，《教育探索》2013年第8期。

③ 参见李辉山：《移动互联新常态下思政课专题教学的必要性——以〈毛泽东思想和中国特色社会主义理论体系概论〉课为例》，《兰州交通大学学报》2015年第5期。

④ 参见王冬冬：《专题教学在高校思政理论课教学中的应用研究——以“毛泽东思想和中国特色社会主义理论体系概论”课为例》，《兰州教育学院学报》2017年第6期。

有特色，但是总体上缺少对本课程知识的系统分析，不能使课程更有系统性、理论性和学术性。缺少系统性、理论性分析容易使课程流于对文件的解读、重要会议精神的诠释和关键人物在特定时期行为的故事化演绎。“概论”课的目的是教育青年，坚定其社会主义理想信念与方向。坚定的理想信念一定是建立在社会主义的理性认知基础之上的，只有理性的认同才能笃信与坚持。本书重点研究以国家治理现代化理论对“概论”课的教材内容进行重新归纳和整理，建立严谨的逻辑体系并运用于教学实践中，引导青年学生把坚定的信念建立在严密的逻辑体系基础上，自信并坚持走社会主义道路。

第二节　国家治理现代化理论融入“概论”课改革拟解决的关键问题

国家治理现代化理论融入“概论”课改革拟解决的关键问题是如何以“国家治理”为核心构建毛泽东思想和中国特色社会主义理论体系的逻辑结构。

一、研究内容

将国家治理现代化理论融入“概论”课改革研究的主要内容是以国家治理为核心，建立“概论”课的严密逻辑体系，并将教材内容转化为教师的话语体系，让学生更好地接受和理解，提升思政课教学效率。

二、研究目标

(1) 既重视教材，又超越教材。以国家治理为核心，把“概论”课广博的内容安放在一个严谨的逻辑框架之中，建立“概论”课的逻辑体系。

(2) 以国家治理为切入点，在建立严谨逻辑框架的基础上，重新对“概论”课进行教学设计，编写让教师能够更好发挥水平、讲好课的教案。

(3) 在以国家治理为核心构建新的教学设计的基础上，运用线上线下混合式教学模式，引入研讨式教学、专题式教学、自主式教学、体验式教学等有效的教学方法和手段，提升课堂教学质量和效果。

三、拟解决的关键问题

以“国家治理”为核心构建毛泽东思想和中国特色社会主义理论体系的逻辑结构，是本书要解决的关键问题。

本书以布鲁纳认知结构学习理论为指导。布鲁纳认知结构学习理论主张，一个人学习一门学科的知识不是要建立有关这门学科的小型图书馆，而是要掌握这门学科的基本结构，这样做才能更好地理解这门学科，实现学习的迁移，并更好地记忆所学知识。

“国家治理”是“毛泽东思想和中国特色社会主义理论体系”的理论核心，“治理好国家”就是“中国特色社会主义理论体系”的理论主线。在毛泽东思想指引下中国人民“站起来”是“治理好国家”的前提基础，“治理好国家”前后贯通整个毛泽东思想和中国特色社会主义理论体系，习近平新时代中国特色社会主义思想是中国共产党治理好国家的理论升华。中国特色社会主义是实践、理论、制度紧密结合的，把成功的实践上升为理论，又以正确的理论指导新的实践，还把实践中已见成效的方针、政策及时上升为党和国家的制度，由此形成了中国特色社会主义道路、理论体系、制度。中国特色社会主义道路是实践途径，中国特色社会主义理论体系是行动指南，中国特色社会主义制度是根本保障，三者统一于中国特色社会主义伟大实践。中国特色社会主义伟大实践的核心是“国家治理”，既坚持以经济建设为主，又全面推进政治建设、文化建设、社会建设、生态文明建设以及其他各方面建设；既坚持四项基本原则，又坚持改革开放；既不断解放和发展生产力，又逐步实现全体人民共同富裕、促进人的全面发展。这是共产党人治理国家的核心内容。中国共产党人在国家治理实践中，正确回答了“怎样建设社会主义、怎样建设党、怎样实现更好发展”的问题。

中国特色社会主义理论体系围绕“什么是社会主义、怎样建设社会主义，建设什么样的党、怎样建设党，实现什么样的发展、怎样发展”等基本问题展开，这些问题是中国国家治理的根本问题。中国特色社会主义理论体系植根于中国共产党治国理政的实践中，中国共产党人的国家治理实践和理论是中国特色社会主义理论体系的重要渊源。

第三节 国家治理现代化理论融入“概论”课改革方案的设计

以“国家治理”为核心构建“概论”课的逻辑体系，以逻辑框架为依托，梳理“概论”课内容，进行新的教学内容专题设计。以历史为顺序，讲述毛泽东、邓小平等老一辈革命家和中国共产党人为实现中华民族伟大复兴、治理好中国做出的探索和经验总结。从横向角度论述国家治理的经济、政治、文化、社会和生态文明建设，习近平新时代中国特色社会主义思想是中国共产党治国理政经验新的总结与升华。

一、构建“概论”课的逻辑体系，做好改革方案设计

“怎样在落后国家建设社会主义”是毛泽东思想和中国特色社会主义理论体系的逻辑起点。这一问题是第一代党和国家领导集体需要解决的理论与实践课题，也是中国特色社会主义理论体系的“胚芽”，包含研究对象整个发展过程中的一切矛盾。首先，关于“什么是社会主义、怎样建设社会主义”，只有判定什么是社会主义，我们在前进中才不会走上封闭僵化的老路，才能避免改旗易帜的邪路，保证我们正确走上社会主义道路。其次，“怎样在落后国家建设社会主义”包含一个潜在的命题——“谁领导”。中国共产党是领导我们建设社会主义的核心力量，这就必须回答好“建设什么样的党、怎样建设党”这一基本问题。最后，“怎样在落后国家建设社会主义”这一问题包含强烈的发展倾向，改变“落后”是使命，也是新民主主义革命时

期、社会主义改造时期中国共产党老一辈革命家所面临的现实问题。新中国成立后，中国共产党面临的一项崭新课题就是如何在经济文化比较落后的国家建设和巩固社会主义。新中国成立初期，由于国际形势所迫和意识形态的要求，我们必须学习苏联，建立了社会主义制度。在这一时期，党也意识到照抄照搬苏联经验是走不通的，必须以中国国情为基础，走有中国特色的社会主义建设道路。中共十一届三中全会后，我们解放思想，实事求是，团结一致向前看，以农村改革为突破口，开始了在落后国家建设社会主义的改革开放之路。“三个代表”重要思想明确了怎样建设党，培育社会主义建设的领导核心。科学发展观明确了以人为本，全面、协调、可持续发展，建设社会主义和谐社会。习近平新时代中国特色社会主义思想是新一代领导集体的治国理政纲领，推进理论和实践创新，坚持中国特色社会主义，坚持我国的道路、理论、制度、文化，统筹推进“五位一体”总体布局，协调推进“四个全面”战略布局，科学地回答怎样把我国建成富强民主文明和谐美丽的社会主义现代化强国，实现中华民族伟大复兴的中国梦。

中国特色社会主义理论体系的最终目标是“实现人的自由全面发展”。现阶段，中国特色社会主义理论体系的现实目标是实现“中国梦”，实现中华民族伟大复兴是中华民族近代以来最伟大的梦想。再具体点是实现“两个一百年”的奋斗目标，即在中国共产党成立一百年时全面建成小康社会，在中华人民共和国成立一百年时建成社会主义现代化强国。如今，我们实现了第一个百年奋斗目标，正意气风发向着全面建成社会主义现代化强国的第二个百年奋斗目标迈进。实现中国梦必须以中国特色社会主义理论体系为指引，走中国特色社会主义道路，坚持中国特色社会主义制度，不断增强人民群众的幸福感。

二、以逻辑框架为依托，梳理“概论”课内容，进行新的教学内容专题设计

第一部分：总论。毛泽东思想和中国特色社会主义理论体系是马克思主义中国化的两大理论成果，习近平新时代中国特色社会主义思想是当代中国的马克思主义。治理好中国，实现中华民族伟大复兴始终贯穿在这些理论成果中。

第二部分：以历史为顺序，讲述毛泽东、邓小平等老一辈革命家和中国共产党人为实现中华民族伟大复兴、治理好中国做出的探索和经验总结。

毛泽东思想是中国共产党人在救亡图存探索中诞生的指引中国革命成功的正确思想。新中国成立是旧中国治理失败的最好解决方案，也为中国共产党人治理好中国奠定基础。中国特色社会主义理论体系是党在新中国成立以后在治国理政实践中的理论升华和总结，“国家治理”始终是毛泽东思想和中国特色社会主义理论体系的核心。

在党的十六大上，中央提出“党领导人民治理国家”的理念。党的十七大报告提出“提高党科学执政、民主执政、依法执政水平，保证党领导人民有效治理国家”[①]。党的十八大报告也多处使用“治理”一词，指出坚持依法治国这个党领导人民治理国家的基本方略等。由此可见，中国经过对改革开放和中国特色社会主义道路的探索，已经初步形成了一条具有中国特色的治国理政道路。我们党的全国代表大会的报告丰富、完善和发展了中国特色社会主义理论体系，能够很好地体现其既是中国共产党对自己五年国家治理实践的总结，也是未来

① 胡锦涛：《高举中国特色社会主义伟大旗帜　为夺取全面建设小康社会新胜利而奋斗——在中国共产党第十七次全国代表大会上的报告》，人民出版社2007年版，第28页。

中国共产党人治理国家的施政纲领。

中国特色社会主义理论体系根源于中国共产党国家治理实践，也必然能够正确地指导中国共产党在实践中前进。1978—2022年，中央召开了9次三中全会，每次都不断深化改革，其研究的议题、做出的决定、采取的措施、释放的信号都是判断新一届中央领导集体国家治理重点的重要依据。从历届三中全会的主题中，我们能够清晰认识到国家治理是党和国家的工作重心。

党的十七大将邓小平理论、“三个代表”重要思想、科学发展观等重大战略思想统称为中国特色社会主义理论体系。习近平总书记在中共十八届三中全会上讲话指出：“我们中国共产党人干革命、搞建设、抓改革，从来都是为了解决中国的现实问题。可以说，改革是由问题倒逼而产生，又在不断解决问题中得以深化。”① “中国的现实问题”最主要的是“国家治理”问题，虽然这些问题在不同时期的表现不同。改革开放早期，“什么是社会主义”的问题看起来是一个思想问题，但实际是对现实国家治理手段的价值判断标准，是制约治国理政的根本问题。20世纪80年代末90年代初，面对东欧剧变和苏联解体，如何巩固党的执政地位，邓小平强调“要聚精会神地抓党的建设，这个党该抓了，不抓不行了”②。“三个代表”重要思想解决国家治理的主体执政党怎样保持党的先进性问题。长期以来，我国发展方式是粗放型的地方竞争，在环境恶化的情况下，经济社会发展也不平衡，原来的发展方式难以为继，“科学发展观”的提出解决了国家治理中的“和谐发展”难题。中国特色社会主义理论体系是指导中国共产党进行国家治理的理论指引和行动指南，“国家治理”是中国特色

① 《习近平谈治国理政》，外文出版社2014年版，第74页。

② 《邓小平文选》第3卷，人民出版社1993年版，第314页。

社会主义理论体系的核心。

习近平新时代中国特色社会主义思想是以习近平同志为核心的党中央从时代和全局高度出发，围绕内政外交国防、改革发展稳定、治学治国治军，发表一系列重要讲话，鲜明提出新形势下党治国理政的一系列重要方略，科学回答了当代中国的一系列重大问题，特别是“四个全面”战略布局的提出，开拓了马克思主义的新境界，是中国特色社会主义理论体系的最新成果。治国理政是习近平新时代中国特色社会主义思想的核心。

第三部分：从横向角度论述国家治理的经济、政治、文化、社会和生态文明建设。

中国特色社会主义理论体系的成功实践体现在能够有效地把各方面的制度优势转化为管理国家的效能，体现在实现国家的目标上，具体来说体现在国家治理能力上。国家治理能力现代化的关键是提高党的执政能力。进入新世纪新阶段，为应对更加复杂的国内外局势，推进国家治理能力现代化是必然的选择。党的执政能力决定着国家治理能力的现代化进程和国家治理能力的绩效，提升党的执政能力是实现国家治理现代化的关键。做好经济、政治、文化、社会和生态文明建设，是实现中国梦的关键。

党的十八大以来，以习近平同志为核心的党中央勇于承担历史重任，从中华民族复兴的全局出发，从社会主义现代化建设的全局出发，提出了全面建设社会主义现代化国家、全面深化改革、全面依法治国、全面从严治党的战略布局。“四个全面”战略布局确立了新形势下党和国家各项工作的战略方向、重点领域、主攻目标，开辟了我们党治国理政的新境界，实现了马克思主义与中国具体实际相结合的新飞跃，为实现“两个一百年”奋斗目标和中华民族伟大复兴中国梦提供了理论指导和行动指南。

“四个全面”战略布局是一个整体，它既包括战略目标，又包括实现目标的主要措施和保障。其中，战略目标是全面建设社会主义现代化国家，实现这一目标的主要战略手段和保障是全面深化改革、全面依法治国、全面从严治党。不全面深化改革，发展就缺少动力，社会就没有活力。不全面依法治国，国家生活和社会生活就不能有序运行，就难以实现社会和谐稳定。不全面从严治党，党就做不到“打铁必须自身硬”，也就难以发挥好领导核心作用。从事业的长远发展来看，“四个全面”战略布局确立了续写中国特色社会主义新篇章的行动纲领。

三、解决问题的方法

（一）历史和逻辑相统一的唯物史观：从纵向国家治理历史角度来解释

毛泽东思想、邓小平理论、“三个代表”重要思想、科学发展观、习近平新时代中国特色社会主义思想作为马克思主义中国化的具体成果，是在不同时期对当时中国所面临的主要问题做出的正确回答，是中国国家治理经验的升华与总结。毛泽东思想和中国特色社会主义理论体系是中国共产党人在回答“怎样在落后国家建设社会主义”和“怎样治理社会主义社会这样一个全新的社会形态”这两个问题，创新治理国家和社会的新的体制机制，领导人民有效地进行国家治理，不断总结社会主义实践经验，完善社会主义制度中形成、发展、成熟的。在革命与建设的过程中，马克思主义实现了与中国实际相结合，实现了中国化，诞生了适合中国国情、指引我们不断走向胜利的正确理论。

（二）国家治理现代化理论：从横向当代国家治理实践角度来解释

中共十八届三中全会通过了《中共中央关于全面深化改革若干重

大问题的决定》，明确提出全面深化改革的总目标是“完善和发展中国特色社会主义制度，推进国家治理体系和治理能力现代化”①。到2020年，我们在重要领域和关键环节改革上取得决定性成果，形成系统完备、科学规范、运行有效的制度体系，各方面制度更加成熟，更加定型。

习近平总书记指出：“国家治理体系和治理能力是一个国家制度和制度执行能力的集中体现。国家治理体系是在党领导下管理国家的制度体系，包括经济、政治、文化、社会、生态文明和党的建设等各领域体制机制、法律法规安排，也就是一整套紧密相连、相互协调的国家制度；国家治理能力则是运用国家制度管理社会各方面事务的能力，包括改革发展稳定、内政外交国防、治党治国治军等各个方面。国家治理体系和治理能力是一个有机整体，相辅相成，有了好的国家治理体系才能提高治理能力，提高国家治理能力才能充分发挥国家治理体系的效能。”② 国家治理体系和治理能力的现代化，是国家制度的现代化和国家实现其目标的执行能力的大幅提升。国家治理的现代化是中国特色社会主义实践的主要内容，在这一过程中成功的实践经过总结和检验，必然丰富和完善中国特色社会主义制度，成为中国特色社会主义理论体系的一部分，完善和发展中国特色社会主义理论体系。

---

① 《中共中央关于全面深化改革若干重大问题的决定》，人民出版社2013年版，第3页。

② 习近平：《切实把思想统一到党的十八届三中全会精神上来》，《人民日报》2014年1月1日。

第四节 国家治理现代化理论融入“概论”课改革的创新点和成果

以国家治理为核心构建毛泽东思想与中国特色社会主义理论体系概论的逻辑框架是本书的主要创新点，把这门课程的具体内容放在该框架之中，使教学内容逻辑严密、层次分明、适配性强，并具有一定的学术价值。本研究的主要成果是充分发挥“概论”课在思政课课程体系中的核心地位，坚持以学生为本，立足学生发展成长需要，促进学生关注社会、认知现实、认同信仰、政治坚定，从而提升学生素质、升华其人生。

一、创新点

第一，以国家治理为核心，深度挖掘、紧抓重点问题。“概论”课程的理论体系内容极其广泛，思想极其丰富，因此必须以国家治理为核心，建立一个完善的逻辑框架体系，把众多内容安放在这一体系当中。在建立清晰逻辑框架的基础之上，深度挖掘，紧抓重点专题，遵循既重视教材又超越教材的原则，凝练教学主题，选择重点问题。

第二，以国家治理为核心做好教学设计，编写课外导读材料。让青年学生在掌握原理的同时，更清晰地知道事情的来龙去脉，增加课程的逻辑性和吸引力，深入浅出回应学生的关注点。从培养应用型创新人才的角度出发，既重视教材所展示的内容，又注重与社会热点和学生关注点结合，进行逻辑重构，以国家治理为核心，重新书写教案。新的教案不仅是形式的变化，更多的是内容的扩展与补充。在大量资料的基础上，实现热点问题与教学逻辑框架的统一，水到渠成，结论自现，把理想与信念建立在理性认识基础之上。以国家治理为核心展开教学逻辑，就是改变以往思想政治理论课结论先行的做法，通过问题的层级化、精细化和逻辑结构严谨化，引导学生自主思考，自己得出结论，这种逻辑思辨的过程可以加深学生对理论的理解与记忆。

二、预期效果

加强理论研究，以国家治理为核心拓宽中国特色社会主义理论体系的研究视角，为丰富和发展马克思主义尽绵薄之力。

坚持以国家治理为核心构建“概论”课的逻辑体系，不断思考和实践探索，进一步增进教学实效性和吸引力，积极推进“概论”课有效的教学体系构建。

具体成果包含三方面：第一，理论研究成果。出版专著或者发表相关论文，以国家治理为核心构建“概论”课的逻辑体系。第二，教学内容改革成果。以国家治理为核心进行教学方案设计，用专题整合理论教学和实践教学内容，夯实构建教学体系的基石，实现教材章节向教学专题、章节教案向专题讲义的转变。坚持以统编教材精神为指向，努力处理好教材内容与教学内容的关系、教学内容之间的内在关系、本课程与其他课程相关内容的关系。第三，教学实践改革成果。将以国家治理为核心重新组合的教学内容和一系列专题运用于教学实践，增强“概论”课的学术性与思辨性，提升思政课教学效果。围绕“在马克思主义指引下治理好当代中国”，突出马克思主义中国化的当代实践，解决青年学生坚定地在党的领导下走中国特色社会主义道路的信仰认同问题，让理论教学更有效，也更有意义。

三、推广应用价值

“概论”课教学改革的具体成果是建立起“概论”课的逻辑框架和以此为基础的教学设计、教案、辅助资料，有可复制性，能够并且易于推广应用。

“概论”课教学改革的推广应用价值在于“概论”课更严谨，教师上课效率更高，学生受益更大。对思政教学体系而言，初步建立“概论”课完整的逻辑体系和教学体系，完成由教材体系向教学体系的初步框架建设，让“概论”课更加严谨，避免成为文件的解读课程。对教师而言，教学改革使思政课教师对所授课程的人才培养方向、教学目的等问题有更加系统全面的认识，使教师教学更加有的放矢，在思政课堂上培养学生的理性认知；对学生而言，教学改革让学生领略思政课魅力所在，可以最大程度训练和提升学生的逻辑分析、总结概括、综合表达、团队协作等综合能力。做好思政课教学改革是培养社会主义合格建设者的重要支撑，有向高等院校推广的价值和必要性。

第六章　融入效果——以山东管理学院思政教学成果为例

从理论意义来看，以国家治理现代化这一分析维度和研究视角探究高校思想政治教育创新是一项全新的研究方向，也是高校思想政治教育扎实推进国家治理现代化的重要表现。历史和经验表明，高校思想政治教育作为国家治理的基础要素在国家治理过程中发挥着重要作用。国家治理现代化视域下的高校思想政治教育创新研究，不仅有助于深化国家治理现代化理论解读，而且有助于国家治理现代化相关理论研究视角的开拓。高校思想政治教育与社会主义先进文化建设在精神内涵方面高度契合，以国家治理现代化对社会主义先进文化建设的要求为依据创新高校思想政治教育，不但有益于为推进我国社会主义先进文化建设贡献思路，而且有益于高校思想政治教育的理论研究不断深入，提升高校思想政治教育的方向性、前瞻性和科学性。

从现实意义来讲，以国家治理现代化和思想文化建设相关要求研究高校思想政治教育创新，有利于充分发挥高校思想政治教育在社会发展过程中的思想引领、价值导向、凝聚力量和汇聚人心的作用，从而为推进国家治理现代化的顺利实现提供科学的思想指引和坚实的精神动力。在国家治理现代化的视域下开展高校思想政治教育工作，有助于引导大学生将书本上的知识运用到实际中去，在实践中全面了解社会，深刻认识我国社会现状和群众生活，切身感受国家发生的巨大变化，充分激发其参与国家治理的热情，并在参与中不断提升自身能力，以强大的行动力担当起时代和国家赋予他们的使命，成为社会主义现代化的合格建设者。

第一节　教学改革成果概述

笔者通过理论研究梳理了国家治理现代化理论融入思政教学的相关问题，让课程政治性与学理性相统一，具备更坚实的理论基础；实践成果是明确了思想政治理论各门课程教学内容设计的侧重点，使课堂教学主阵地作用更加突出有效。

一、理论成果

政治认同是思政课程的主要功能，只有经过学生思考、对比后建立在理性认知基础上的政治认同才能更有效、牢靠，这方面的思考反映在《中国教育报》（理论版）的文章《新时代坚定青年学生政治信仰的新探索》上。刘明远的专著《现代思想政治教育转型探索》论述的核心是思政课程教学效果提升是一个系统工程，要进行系统改进；转型的关键点体现在徐健的《多元思维融入高校思政课堂教学的路径研究》一文中。徐健的专著《国家治理视域下中国特色社会主义理论体系研究》运用国家治理理论对课程进行梳理，使思政课堂超越文件解读和故事讲述，有更高站位，实现政治性与学理性的统一，具备更坚实的理论基础。如何把课程内容更好地呈献在课堂上，让学生主动参与进来，最好的方式是对分课堂，对此，李娜、徐健合作的文章《对分课堂教学模式下的高校教师：挑战与应对》有集中体现。

二、实践成果

梳理习近平总书记的国家治理现代化理论，用该角度讲述社会主义理论体系，增强大学生“四个自信”。国家治理现代化理论是习近平新时代中国特色社会主义思想的重要内容，按照“目标—理念—实现手段—遵循原则”思路可将其归纳为：社会理想（“中国梦”），奋斗目标（“两个一百年”），指导思想（“八个明确”），实现手段（“五位一体”总体布局、“四个全面”战略布局），行动纲领（“十四个坚持”）。国家治理能力现代化能够充分发挥社会主义优越性，有助于坚定道路自信；国家治理现代化理论系统完整、逻辑严密、相互贯通，涵盖改革发展稳定、内政外交国防、治党治国治军等各个领域，是我们的行动指南，有助于坚定理论自信；国家治理体系现代化的核心是建立更加成熟、更加定型的制度，有助于坚定制度自信；国家治理现代化理论能够解释历史、指导现实、启示未来，有助于坚定文化自信。

教学改革的实践成果是明确了思想政治理论各门课程教学内容设计的侧重点。“思想道德修养与法律基础”课关注当代大学生如何适应国家治理现代化要求，“马克思主义基本原理概论”课关注如何实现理想社会的国家治理，“中国近现代史纲要”课关注从失败的国家治理中应该吸取的教训，“毛泽东思想和中国特色社会主义理论体系概论”课关注实现中华民族伟大复兴过程中的国家治理，“形势与政策”课关注现实的国家治理。

三、实际效果

（1）丰富教学内容。将国家治理现代化理论融入思想政治教育，丰富教学内容。

（2）培养理性思维。国家治理理论逻辑严密，培养青年学生理性认知。

（3）增强课程实效。提供有效知识，提高思想政治理论教育的有效性。

（4）提供有效理论。将国家治理现代化理论融入思想政治教育，为理论宣传提供有效工具。

国家治理现代化理论是习近平新时代中国特色社会主义思想的重要内容，该理论内涵丰富，能够解释历史、指导现实、启示未来。将习近平总书记有关国家治理现代化理论论述融入思想政治理论课教学内容，既是落实习近平新时代中国特色社会主义思想“进教材”“进课堂”“进头脑”的有效途径，又能在提升思政教学实效性的同时，增强大学生坚定“四个自信”，坚定其政治信仰。国家治理现代化理论融入高校思政教学研究，能够加强对习近平新时代中国特色社会主义思想的系统化、学理化阐释，健全习近平新时代中国特色社会主义思想研究成果的传播机制。

第二节 “概论”课学生学习笔记主题

思政课应该是思维的乐园，思政课程最应该做的工作就是训练学生的思维能力。我们不能无的放矢地做，要与现实紧密相连，让学生自己去思考，并把自己思考的东西写成短文。在这个过程中训练学生对现实的认知、对党和国家政策的理解，以及学生的逻辑思维和表达能力。近几年，笔者在教学实践中，要求学生自己选择主题坚持每天写作300个字，作为过程性考核的重要依据。在运作的过程中发现学生多是在网上复制一段文字，粘贴上去应付了事。后来笔者就每天拟定一个主题，让学生按这一主题写300字的学习笔记，效果良好。现将三个学期的学生学习笔记汇总如下。

一、2020年上半年学习笔记的50个主题

1. 观看短片《你好，我是中国》（*Hi，I'm China*），写下评价和感想。

2. 我们有哪些指导思想？为什么会有这些指导思想？

3. 认知圈、能力圈、执行圈、舒适圈，这四者之间是什么关系？

4. 你对毛泽东了解多少？不上网查询，直接说出你认知中的毛泽东。

5. 阅读《中国社会各阶级的分析》，请分析第一段话。

6. 阅读王烁的演讲内容，在新时代，毛泽东的“谁是我们的敌人”的分析还有用吗？

7. 治国之道必走正路，不能走邪道。阅读《苏绰定律》，写评价。

8. 阅读《邓小平时代》一书，并且说一下傅高义把邓小平的经历分为几个阶段？说一说有什么感想。

9. “刻意练习”有什么意义？你准备刻意练习什么？有什么计划？

10. 马克思主义产生于欧洲，为何在其他地区也有指导意义？

11. 坚持马克思主义的国家和政党越来越少，我们为何还坚持马克思主义？

12. 请大家写“同上一堂思政课”的观后感。

13. 我们的辉煌文明指导了我们几千年，为什么我们还要用马克思主义作为指导思想？

14. 毛泽东思想活的灵魂的内容是什么？你怎么看？

15. 结合自身经历解读一下“实事求是”为什么重要？

16. 群众路线的内涵是什么？为什么我们现在听到那么多的不同意见？你怎么看待群众有不同意见？

17. 独立自主为什么不是“关起门来造车”？

18. 你对毛泽东的军事成就了解多少？

19. 新民主主义革命有哪三大法宝？

20. 统一战线的核心问题是什么？

21. 武装斗争的关键是什么？

22. 党的建设包括哪些方面？

23. 关于“抗美援朝战争”，你听过或者看过的最感人的是什么？

24. 当前形势下，你若为一国之主，应该如何做？（假定你是中国的负责人）

25. 当前形势下，你若为一国之主，应该如何做？（假定你是美国的负责人）

26. 当前形势下，你若为一国之主，应该如何做?（假定你是新加坡的负责人）

27. 当前形势下，你若为一国之主，应该如何做?（假定你是德国的负责人）

28. 当前形势下，你若为一国之主，应该如何做?（假定你是西班牙的负责人）

29. 假如你是开国领导，在新中国成立之初你会怎么做? 列出五条以上。

30. 了解解放初期陈云在上海是如何制伏投机商的，并简要归结。

31. 我们知道芯片是核心技术，知道汽车发动机是核心技术，为什么我们过去四十年里不自己攻关研制生产?

32. “二参一改三结合”是什么意思?

33. 《论十大关系》中是哪十大关系?

34. 《论十大关系》中第一条是什么? 为什么这是第一条?

35. 阅读毛泽东的《党委会的工作方法》，这个方法能用在什么地方?

36. 概括一下你了解的“星球大战计划”。

37. 简要概括一下“工业 4.0”。

38. 改革开放前的经济模式是计划经济，列举你知道的计划经济的特点。

39. 什么是“产业政策”?

40. 中国有什么行业发展算是成功的“产业政策”?

41. 中国有什么行业发展算是失败的“产业政策”?

42. 邓小平最值得你学习的地方是什么?

43. “实践是检验真理的唯一标准”，这是一个思想问题，为什么会产生那么大的影响？

44. 褚时健二次创业为什么种橙子？

45. 如何对待不同意见？

46. 美国提出了对华战略，你认为中国应该如何应对？

47. “和平演变”策略的主旨是什么？

48. 评论一下马丁·路德·金的《我有一个梦想》。

49. 请问各位，这半年有没有养成一个好习惯？如果有，请介绍一下；如果没有，想一下自己希望养成一个什么好习惯。

50. 阅读《城市地摊财富秘籍》，如果让你摆摊，你会做什么？说明理由。

二、2020 年下半年学习笔记的 50 个主题

1. 2020 年疫情对你触动最大的是什么？

2. 阅读《美国为什么怕中国崛起而不怕印度崛起》，写出你的想法。

3. 阅读《从五项举措看中国的柔性裂变》并进行述评。

4. 观看电影《Hello！树先生》并写述评。

5. 阅读《文明衰败的迹象，往往会从择偶观上反映出来》并进行评述。

6. 这一学年你有明确的目标吗？怎样实现？

7. “新时代”新在什么地方？

8. 明天就会有新生到校，回忆一下自己入校到现在有什么遗憾与收获？

9. 中国知道芯片会被卡脖子，为什么不早发展芯片产业？

10. 阅读《大清灭亡前就没有明白人吗？》，写出你的想法。

11. 复述一下刘润写作模式的 5 个步骤。

12. 你对什么主题感兴趣?(多样性)

13. 这个主题未来有什么价值?(对你有什么影响?)

14. 对于你感兴趣的主题，你现在知道有哪些专著和有影响的文章，列举一下。

15. “独行快，众行远”，哪些人与你志趣相近，可以结伴学习或者去请教?

16. 一年内有什么目标?本学期有什么计划?这个月要完成什么?

17. 上网搜特朗普在联合国的演讲内容，我们国家有什么对策?

18. 成为第一个承诺净零排放时间的碳排放大国，对中国来说意味着什么?中国将力争于2030年前达到峰值，努力争取2060年前实现碳中和。请问这一决定有利于什么行业?

19. 阅读《中国传统文化的弊端》，写出你的想法。

20. 阅读《工业国产化的意义》。这就是有些行业尽管亏损也要支持的原因，你能举出你了解到的例子吗?

21. 你有什么样的健康习惯?

22. 阅读《液晶行业小史与京东方的崛起》。

23. 了解一下罗永浩。

24. 为什么罗永浩多次创业失败都能再爬起来?

25. 可以听也可以看《罗辑思维》123期节目“民主小时候”，了解最初的民主制度是如何的。

26. 军队叠豆腐块的意义是什么?

27. 阅读《外媒盘点：历史上瘟疫改变世界的启示》。在应对新冠疫情时我们有什么成功与失误?从政治、经济、文化、对外等你能想到的角度进行总结。

28. 读一下中共十九届五中全会公报，自己归结一下我们国家未来的重点工作。

29. 阅读《中国支持特斯拉，送钱送地又送市场，到底图什么呢?》。先不要看文章，自己想一下中国为什么要让特斯拉在上海设立工厂，然后对照一下别人提供的与自己想的之间的差距。

30. 美国总统选举投票结果即将揭晓，你认为谁能当选美国总统?请说出理由。

31. 观看电影《全能囧爸》并写述评。

32. 阅读《团结桑德斯——拜登击败特朗普的关键》，写下你的想法。

33.《拜登若上位，利好科技业》，你同意吗?

34. 高铁快速发展，你从高铁中受益了什么?

35. 2020 年 11 月 15 日，有一件大事是 RCEP 正式签署，这是什么?

36. 仔细阅读《成功者的才会有说服力》并写出你的看法。

37. 了解一下袁世凯为什么要当皇帝，写一下你的感想。

38. 向你的两位同学推荐一部你最喜欢的电影并说明理由。

39. 看了同学推荐的电影了吗? 看了请说一下与推荐同学的观感一样吗?

40.《苏联帝国衰亡史》，一个那么大的国家说解体就解体了，对我们来说这就是前车之鉴。仔细看下，集体的想法对自己国家的不好看法真的是非常致命的。说说你怎样坚定自己的信仰。

41. 请各位想一下如何增长自己的见识?

42. 阅读《香港暴徒的酬劳曝光》，写出你对香港问题的看法。

43. 阅读《郑永年：中国真的会被围堵吗?》，写下你的看法。

44. 阅读《西方为何不理解中国的政治经济体制，英国专家：要从思维差异说起》，理解文化对制度的影响，也要理解我们的制度是站在解决中国问题角度而产生和演变的。写下你的评论。

45. 阅读《一只打火机里的中国制造》，理解中国制造。

46. “刘润对话樊登：脑子里天天想着钱的人，干不出漂亮事儿”，这个观点你同意吗？

47. 阅读《阿根廷失去的一百年：被民族主义压垮的经济》，了解阿根廷这一国家。

48. 党的领导是中国特色社会主义最本质的特征，你是怎样认识的？

49. 普通人怎样维护好党的领导？

50. 新时代如何放飞青春梦想？

三、2021年上半年学习笔记的50个主题

1. 什么是“内卷”？

2. 2020年是不平凡的一年，你对我们祖国的哪个方面最满意？你认为可以采取什么措施让我们做得更好？

3. 2020年，哪个方面让你感觉最不满意？原因是什么？我们有什么方案可以改进？

4. 介绍一下你认为最好的一部电影。

5. 怎样理解“商场如战场”？

6. 中国古语说“书中自有黄金屋”，也说“百无一用是书生”，你怎么看？

7. 你对毛泽东了解多少？不上网查询，直接说出你认知中的毛泽东。

8. 马克思主义产生于欧洲，为何在其他地区也有指导意义？

9. 我们的辉煌文明指导了我们几千年，为什么我们还要用马克思

主义来作为指导思想？

10. 坚持马克思主义的国家和政党越来越少，我们为何还坚持马克思主义？

11. 治国之道必走正路，不能走邪道。搜索一下“苏绰定律”，写出你的评价。

12. 革命战争年代，有人觉得军队能打胜仗就行了，又不是学校，为什么还要学理论？你要是当时的主要领导，怎样解答这一问题？

13. 和平年代经济建设是核心，不能“变现”的通通无用，少学或不学，你怎么看？

14. 毛泽东思想包含什么内容？活的灵魂的内容是什么？

15. 实事求是非常重要，结合自身经历举个例子。

16. 做到实事求是为什么难？

17. 找到陈云“不唯上、不唯书、只唯实，交换、比较、反复”的出处，复述陈云同志的解释。

18. 载沣说：“不怕，咱手里有枪。”为什么两年后就不灵了，而曾国藩就能够镇压太平天国？

19. 为什么“群众”现在会有那么多的不同意见？你怎么看待群众有不同意见？

20. 独立自主就是“我命由我”，列举弱者的难题，这就是独立自主的障碍，看你能列出多少条。

21. 列举弱国的难题，看你能列出多少条，这些有可能就是弱国不能独立自主的原因。

22. 习近平总书记就学习毛泽东同志《党委会的工作方法》作出重要批示，对各级党委（党组）领导班子成员特别是主要负责同志重温这篇著作提出明确要求。阅读这篇短文，写出你的感受。

23. 当前形势下，你若为一国之主，应该如何做?（假定你是中国的负责人）

24. 当前形势下，你若为一国之主，应该如何做?（假定你是美国的负责人）

25. 当前形势下，你若为一国之主，应该如何做?（假定你是新加坡的负责人）

26. 当前形势下，你若为一国之主，应该如何做?（假定你是德国的负责人）

27. 当前形势下，你若为一国之主，应该如何做?（假定你是西班牙的负责人）

28. 列举第一个五年计划时期中国建设的大项目，先用你最简短的话写明这些项目有什么特点，再列举。

29. 观看电影《Hello！树先生》并写述评。

30. “RCEP”对中国有什么意义?

31. 关于“抗美援朝战争”，你听过或者看过的最感人的是什么?

32. 有人说战略胜利取决于战术胜利的这种意见是错误的，我想不明白，能为我解惑吗?

33. 概括国家强大与个人的关系。

34. 阅读《下一个5年，什么企业更有前途》，在未来你会进入什么行业，谋求什么位置?

35. 假如你是开国领导，你在新中国成立之初你会怎么做? 列出五条以上。

36. 了解解放初期陈云在上海是如何制伏投机商的，并简要归结?

37. 如何对待不同意见?

38. 概括一下你了解的“星球大战计划”。

39. “二参一改三结合”是什么意思？

40. 新中国成立后为什么不直接建设社会主义国家？

41. “和平演变”策略的主旨是什么？

42. 《论十大关系》中是哪十大关系？

43. 《论十大关系》中的第一条是什么？为什么它会列为第一条？

44. 对照《关于正确处理人民内部矛盾的问题》中第十二部分与《论十大关系》第一条，简单描述一下老一辈眼中的中国工业化道路。

45. “实践是检验真理的唯一标准”，这是一个思想问题，为什么会产生那么大的影响？

46. 阅读《李稻葵：未来五年 中国经济将呈现六个新特征》，你能读出什么？

47. 请同学们简要介绍一下河南南街村的情况。

48. 褚时健二次创业为什么种橙子？

49. 《罗辑思维》是个什么情况？介绍一下其创始人情况。

50. 华为为什么不能垮？

参考文献

一、著作类

[1] 中共中央文献研究室编：《习近平总书记重要讲话文章选编》，中央文献出版社、党建读物出版社 2016 年版。

[2]《习近平谈治国理政》，外文出版社 2014 年版。

[3]《习近平谈治国理政》第 2 卷，外文出版社 2017 年版。

[4]《习近平谈治国理政》第 3 卷，外文出版社 2020 年版。

[5] 本书编写组编著：《〈中共中央关于全面深化改革若干重大问题的决定〉辅导读本》，人民出版社 2013 年版。

[6]《中国共产党第十八次全国代表大会文件汇编》，人民出版社 2012 年版。

[7]《中国共产党第十九次全国代表大会文件汇编》，人民出版社 2017 年版。

[8] 本书编写组编：《毛泽东思想和中国特色社会主义理论体系概论》(2013 年修订版)，高等教育出版社 2014 年版。

[9] 本书编写组编：《毛泽东思想和中国特色社会主义理论体系概论》，高等教育出版社 2018 年版。

[10] 本书编写组编：《毛泽东思想和中国特色社会主义理论体系概论》，高等教育出版社 2021 年版。

[11] 许海清：《国家治理体系和治理能力现代化》，中共中央党校出版社 2013 年版。

［12］石国亮主编：《中国政府如何治理国家》，研究出版社 2013 年版。

［13］秦正为：《中国特色社会主义新论》，中国社会科学出版社 2012 年版。

［14］俞可平主编：《国家治理评估——中国与世界》，中央编译出版社 2009 年版。

［15］杨光斌：《习近平的国家治理现代化思想——中国文明基体论的延续》，中国社会科学出版社 2015 年版。

［16］辛向阳：《中国特色社会主义与国家治理现代化》，浙江人民出版社 2015 年版。

［17］俞可平：《论国家治理现代化》，社会科学文献出版社 2014 年版。

［18］许耀桐：《中国国家治理体系现代化总论》，国家行政学院出版社 2016 年版。

［19］中共中央党校组织编写、何毅亭主编：《以习近平同志为核心的党中央治国理政新理念新思想新战略》，人民出版社 2017 年版。

［20］张耀灿、郑永廷等：《现代思想政治教育学》，人民出版社 2001 年版。

［21］沈壮海：《思想政治教育有效性研究》，武汉大学出版社 2008 年版。

［22］秦宣：《分化与整合——社会转型期的思想政治教育研究》，中国人民大学出版社 2017 年版。

［23］王易编著：《当代大学生价值观调查报告》，中共党史出版社 2008 年版。

［24］杨晓慧：《社会主义核心价值体系融入大学生思想政治教育

全过程的基本问题研究》，人民出版社 2011 年版。

［25］邓球柏：《中国传统文化与思想政治教育》，首都师范大学出版社 1999 年版。

［26］苏振芳主编：《当代国外思想政治教育比较》，社会科学文献出版社 2009 年版。

［27］袁贵仁、韩庆祥：《论人的全面发展》，广西人民出版社 2003 年版。

［28］［美］塞缪尔·亨廷顿、劳伦斯·哈里森主编：《文化的重要作用——价值观如何影响人类进步》，程克雄译，新华出版社 2013 年版。

［29］谌林：《解释与辩护》，复旦大学出版社 2013 年版。

［30］黄德林、邱杰、徐伟等：《思想政治教育若干前沿问题研究》，中国社会科学出版社 2017 年版。

［31］冯刚、王树荫主编：《思想政治教育研究热点年度发布 2017》，团结出版社 2018 年版。

［32］刘建军等：《信仰的呼唤——社会主义市场经济条件下的信仰问题研究》，人民出版社 2011 年版。

［33］沈壮海等：《中国大学生思想政治教育发展报告 2017》，北京师范大学出版社 2018 年版。

［34］本书编写组编著：《党的十九届四中全会〈决定〉学习辅导百问》，党建读物出版社、学习出版社 2019 年版。

［35］张耀灿：《思想政治教育学科建设研究》，中国人民大学出版社 2017 年版。

［36］俞可平主编：《治理与善治》，社会科学文献出版社 2000 年版。

［37］周从标：《全球化背景下思想政治教育创新研究》，中国社会科学出版社 2005 年版。

［38］顾海良：《高校思想政治教育导论》，武汉大学出版社 2006 年版。

［39］［英］德里克·希特：《何谓公民身份》，郭忠华译，吉林出版集团有限责任公司 2007 年版。

［40］王学俭编著：《现代思想政治教育前沿问题研究》，人民出版社 2008 年版。

［41］周中之、石书臣等：《现代思想政治教育理论与实践探微》，人民出版社 2009 年版。

［42］［美］基思·福克斯：《公民身份》，郭忠华译，吉林出版集团有限责任公司 2009 年版。

［43］郑永廷主编：《思想政治教育方法论》（修订版），高等教育出版社 2010 年版。

［44］［美］乔治·弗雷德里克森：《公共行政的精神》，张成福等译，中国人民大学出版社 2003 年版。

［45］胡鞍钢等：《中国国家治理现代化》，中国人民大学出版社 2014 年版。

［46］孙其昂等：《思想政治教育现代转型研究》，学习出版社 2015 年版。

［47］任洁：《文化与国家治理现代化》，浙江人民出版社 2015 年版。

［48］江必新、刘伟：《国家治理现代化与社会主义核心价值体系》，中国法制出版社 2016 年版。

［49］汪宗田、张洁、王佩编著：《大学生思想政治教育研究》，

社会科学文献出版社 2017 年版。

[50] 冯留建：《马克思主义国家理论与中国国家治理现代化》，人民出版社 2017 年版。

[51] 于洪波编著：《中国梦视域下的国家治理现代化探论》，中国社会科学出版社 2018 年版。

二、期刊论文类

[1] 习近平：《思政课是落实立德树人根本任务的关键课程》，《求是》2020 年第 17 期。

[2] 赵立永：《新时代高校思想政治理论课教学话语体系的路径转换思考》，《内蒙古农业大学学报》（社会科学版）2020 年第 1 期。

[3] 齐道新：《微课与专题教学相结合教学模式的困境及消解——以高校思想政治理论课为例》，《创新教育研究》2020 年第 1 期。

[4] 彭瑛：《高职思政课程教学现状及改进策略分析》，《青春岁月》2020 年第 1 期。

[5] 王艳萍：《新时代高校“概论”课专题教学实践研究》，《法制博览》2020 年第 18 期。

[6] 陈君锋：《基于 OBE 理念的高校思想政治理论课教学改革路径研究》，《中国民航飞行学院学报》2020 年第 1 期。

[7] 彭建国、李彤：《增强高校思想政治教育吸引力问题研究的回顾与展望》，《思想教育研究》2011 年第 3 期。

[8] 彭建国：《注重方法创新增强高校思想政治教育吸引力》，《中国高等教育》2012 年第 12 期。

[9] 郝颖：《关于增强高校思想政治教育吸引力的思考》，《教育与职业》2014 年第 32 期。

[10] 陈秉公：《试论思想政治理论课教材体系向教学体系转化的规律性》，《思想理论教育导刊》2008 年第 9 期。

[11] 刘晓亮、沈壮海：《关键课程发挥关键作用——基于 2014—2018 年高校思想政治理论课建设调查数据的分析》，《中国高等教育》2019 年第 9 期。

[12] 张雷声：《把社会主义核心价值体系融入思想政治理论课的教育教学》，《高校理论战线》2012 年第 4 期。

[13] 周向军：《正确认识和处理“原理”课教学中的八大关系》，《思想理论教育导刊》2017 年第 9 期。

[14] 崔朝东：《实现高校思政课“教学一体”》，《中国高等教育》2017 年第 11 期。

[15] 陈占安：《改革开放以来高校思想政治理论课教材建设的回顾与展望》，《思想理论教育导刊》2018 年第 10 期。

[16] 杨忠明、蔡慧敏：《新中国成立 70 年来高校思想政治理论课的历史回顾与时代展望》，《学校党建与思想教育》2019 年第 23 期。

[17] 徐艳国：《思想政治教育治理体系和治理能力现代化探析》，《清华大学学报》（哲学社会科学版）2014 年第 3 期。

[18] 项久雨：《思想政治教育服务国家治理论纲》，《思想理论教育》2021 年第 2 期。

[19] 元修成、张澍军：《多元文化背景下大学生政治认同教育策略分析》，《思想政治教育研究》2014 年第 3 期。

[20] 李若衡：《政治认同与高校思想政治教育的实效性》，《教育评论》2013 年第 1 期。

[21] 朱勤文、杜海坤：《试论大学生政治认同的形成机制及教育对策》，《中国高教研究》2014 年第 8 期。

［22］史宏波、蒋毓慧：《思想政治理论课教师影响大学生政治认同的状况分析》，《学校党建与思想教育》2019 年第 21 期。

［23］李寒梅：《政治认同：新时代高校思想政治理论课教学的根本点与着力点》，《齐鲁师范学院学报》2019 年第 5 期。

［24］卢俞成、林春逸：《多重“魅力”透视：高校思政课教师能力提升的五个维度》，《广西社会科学》2020 年第 7 期。

［25］冯刚、史宏月：《思想价值引领在国家治理现代化中的功能研究》，《思想理论教育》2020 年第 2 期。

［26］郑永廷、田雪梅：《社会治理与思想政治教育的发展》，《思想理论教育》2017 年第 6 期。

［27］王学俭、阿剑波：《思想政治教育治理现代化的内涵、特征与发展路径》，《思想理论教育》2020 年第 2 期。

［28］胡虹霞：《新加坡学校的公民道德教育》，《思想政治课教学》2001 年第 11 期。

［29］辛世俊：《试论人的提升》，《郑州大学学报》（哲学社会科学版）2005 年第 1 期。

［30］刘和忠、乌兰：《英国公民教育发展分析及启示》，《社会科学战线》2008 年第 3 期。

［31］陈荟芳：《社会转型时期的日本公民道德教育及其启示》，《创新》2009 年第 2 期。

［32］黄平槐：《论大学生校园文化生命力建设的意义与原则》，《南昌大学学报》（人文社会科学版）2010 年第 3 期。

［33］王海建：《协同创新：高校思想政治教育创新发展的必然路径》，《探索》2013 年第 1 期。

［34］陈捷：《论高校思想政治教育与社会主义先进文化建设》，

《思想理论教育导刊》2013 年第 3 期。

［35］周国良：《国家治理视域下高校思想政治教育内涵的新拓展》，《学校党建与思想教育》2014 年第 18 期。

［36］杨威：《思想政治教育：文化意识形态治理的重要方式》，《思想理论教育》2014 年第 11 期。

［37］戴锐：《思想政治教育现代化研究：现状与趋向》，《思想理论教育》2014 年第 12 期。

［38］蓝志勇：《东西方历史经验中的治理思想》，《国家治理》2014 年第 9 期。

［39］许耀桐：《法治　德治　共治　自治："第五个现代化"独特内涵与历史轨迹》，《人民论坛》2014 年第 10 期。

［40］唐皇凤：《中国国家治理现代化路径选择的若干思考》，《华中科技大学学报》（社会科学版）2014 年第 3 期。

［41］胡鞍钢：《中国国家治理现代化的特征与方向》，《国家行政学院学报》2014 年第 3 期。

［42］魏崇辉：《当代中国国家治理现代化的理论指导、基本理解与困境应对》，《理论与改革》2014 年第 2 期。

［43］何增科：《理解国家治理及其现代化》，《马克思主义与现实》2014 年第 1 期。

［44］丁志刚：《如何理解国家治理与国家治理体系》，《学术界》2014 年第 2 期。

［45］秋石：《为了国家长治久安——怎样理解全面深化改革的总目标》，《求是》2014 年第 1 期。

［46］王浦劬：《国家治理、政府治理和社会治理的含义及其相互关系》，《国家行政学院学报》2014 年第 3 期。

[47] 梁家峰、吕素香：《思想政治教育治理体系和治理能力现代化的三个维度》，《思想教育研究》2014 年第 10 期。

[48] 赵高潮：《国家治理现代化的内涵及途径思考》，《人民论坛》2014 年第 26 期。

[49] 向春玲：《创新社会治理体制的思路与对策》，《哈尔滨市委党校学报》2014 年第 3 期。

[50] 蓝晓霞：《社会主义先进文化建设的动力探析》，《思想理论教育导刊》2014 年第 4 期。

[51] 孙其昂、张宇：《论思想政治教育与治理——基于“推进国家治理体系和治理能力现代化”》，《思想政治教育研究》2015 年第 2 期。

[52] 田丽：《思想政治工作在国家治理中的功能定位与结构转型》，《胜利油田党校学报》2015 年第 4 期。

[53] 李炳毅、牛青霞：《国家治理体系现代化视域下的思想政治教育》，《中共云南省委党校学报》2015 年第 3 期。

[54] 胡凯、杨竞雄：《国家治理目标指引下的思想政治教育专业建设创新》，《思想政治教育研究》2015 年第 3 期。

[55] 田凯、黄金：《国外治理理论研究：进程与争鸣》，《政治学研究》2015 年第 6 期。

[56] 杨威：《思想政治教育：提升国家治理能力和国民素养的重要途径》，《思想教育研究》2015 年第 12 期。

[57] 张建东、邓倩：《思想政治教育治理：国家治理现代化的重要维度》，《思想理论教育》2016 年第 2 期。

[58] 张忠：《治理现代化背景下高校思想政治教育的话语调适》，《教育评论》2016 年第 7 期。

[59] 蒋德勤、侯保龙：《高校思想政治教育实践育人创新路径》，《思想理论教育导刊》2016 年第 2 期。

[60] 向玉乔：《国家治理的伦理意蕴》，《中国社会科学》2016 年第 5 期。

[61] 麻艳香、蔡中宏、刘甜：《思想政治教育治理价值的理论依据与具体表现》，《兰州交通大学学报》2017 年第 2 期。

[62] 王瑕莉：《国家治理现代化背景下高校思想政治教育创新研究》，《重庆广播电视大学学报》2017 年第 1 期。

[63] 熊钰、林伯海：《基于互联网思维的高校思想政治教育创新研究》，《学校党建与思想教育》2017 年第 3 期。

[64] 徐岩、杨晓玲：《大数据时代下高校思想政治教育创新探析》，《重庆邮电大学学报》（社会科学版）2017 年第 6 期。

[65] 李小平、姚芳：《大数据背景下高校思想政治教育创新研究》，《学校党建与思想教育》2018 年第 6 期。

[66] 蔡如军、金林南：《试论现代社会的思想政治教育治理》，《思想理论教育》2018 年第 1 期。

[67] 刘秉鑫：《国家治理视阈下思想政治教育所面临的机遇与挑战》，《科教文汇》2018 年第 1 期。

[68] 王佳朦：《国家治理体系现代化背景下思想政治教育创新研究》，《农家参谋》2018 年第 6 期。

[69] 王莉：《国家治理价值体系建设中的思想政治教育功能研究》，《思想政治教育研究》2018 年第 5 期。

[70] 张瑞敏、王建新：《思想政治教育现代转型对社会治理现代化的价值探析》，《北京交通大学学报》（社会科学版）2018 年第 4 期。

[71] 冯留建、刘国瑞：《新时代高校思想政治教育内容创新研

究》，《学校党建与思想教育》2018 年第 14 期。

［72］李琳：《新时代高校社会主义先进文化传播与建设情况调查分析》，《学校党建与思想教育》2019 年第 1 期。

［73］王俊斐：《融入·同构·互构：思想政治教育与社会治理融合的学理逻辑》，《湖北社会科学》2019 年第 1 期。

［74］王颖、侯广斌：《主体间性语境下高校思想政治教育创新研究》，《中国青年社会科学》2019 年第 1 期。

［75］谢斐：《新时代高校思想政治教育创新发展路径探究》，《长春师范大学学报》2019 年第 1 期。

［76］李涛、闫成俭：《全媒体融合视域下高校思想政治教育创新路径探析》，《思想理论教育导刊》2019 年第 5 期。

［77］赵继伟：《论思想政治教育与国家治理现代化的同一性关系》，《学校党建与思想教育》2020 年第 19 期。

［78］杨威、董婷：《思想政治教育体系与国家治理现代化建设》，《思想理论教育》2020 年第 2 期。

［79］吴宏政、王海龙：《新时代思想政治教育的国家治理功能》，《思想理论教育导刊》2020 年第 11 期。

［80］邓海龙、徐国亮：《国家治理现代化视域下思想政治教育效能的理论意涵与提升路径》，《思想教育研究》2020 年第 4 期。

［81］蔡震宇、薛勇：《国家治理视域下高校思想政治教育理念创新研究》，《黑龙江高教研究》2020 年第 6 期。

［82］徐志远、陈国忠：《科学化与现代化：思想政治教育的发展趋势》，《当代教育论坛》2004 年第 2 期。

［83］玄成贵：《谈高校思想政治教育的现代化》，《山东省青年管理干部学院学报》2003 年第 4 期。

[84] 严俊：《理论界如何看“第五个现代化”》，《人民论坛》2014 年第 10 期。

[85] 杨龙、刘廷华：《以社会信用管理系统构建和谐社会的构想》，《社科纵横》2009 年第 6 期。

[86] 任志锋、杨晓慧：《大学生思想政治教育方法模式转换的历史轨迹与发展趋势》，《思想教育研究》2012 年第 7 期。

[87] 杨晓慧：《社会主义核心价值体系融入大学生思想政治教育全过程论析》，《东北师大学报》（哲学社会科学版）2009 年第 5 期。

[88] 杨兴林：《我国现代化“第五化”观点辨析》，《理论探索》2015 年第 2 期。

[89] 杨益、李大鹏：《思想政治教育现代化建设初探》，《人民论坛》2010 年第 26 期。

[90] 杨增岽：《近 20 年思想政治教育现代化研究综述》，《思想理论教育》2007 年第 1 期。

[91] 俞可平：《推进国家治理体系和治理能力现代化》，《前线》2014 年第 1 期。

[92] 俞思念、陈平其：《西方现代化理论的兴起与演变》，《学习与探索》2005 年第 6 期。

[93] 袁刚、张茜：《霍布斯、洛克和卢梭社会契约论思想之比较》，《学理论》2009 年第 31 期。

[94] 张尚字：《思想政治教育现代化浅谈》，《学校党建与思想教育》2005 年第 10 期。

[95] 张澎军：《试论思想政治教育学科前沿的若干重大问题》，《马克思主义研究》2011 年第 1 期。

[96] 张智：《思想政治教育之于人的观念现代化的价值论析》，

《思想教育研究》2013年第11期。

[97] 章国锋：《反思的现代化与风险社会——乌尔里希·贝克对西方现代化理论的研究》，《马克思主义与现实》2006年第1期。

[98] 郑俏：《浅谈当代中国贫富差距问题及对策》，《云南社会主义学院学报》2013年第6期。

[99] 周毅：《现代化理论的六大学派及其特点》，《当代世界与社会主义》2003年第2期。

[100] 周瑛、张梦涛：《传播学视域下的思想政治教育现代化》，《兰州大学学报》（社会科学版）2010年第38卷。

[101] 朱海平：《学习理论及对教育学之启发》，《继续教育研究》2014年第12期。

[102] 朱晓梅：《论实现思想政治教育现代化》，《理论学刊》2005年第8期。

三、学位论文类

[1] 李霞：《论红色资源在思想政治教育中的应用》，中南大学博士学位论文，2013年。

[2] 彭建国：《增强高校思想政治教育吸引力问题研究》，湖南师范大学博士学位论文，2011年。

[3] 任丽涛：《国家治理现代化视域下的思想政治教育发展研究》，东北师范大学博士学位论文，2016年。

[4] 韩晓峰：《大学生政治认同状态模型理论构建与实证研究》，吉林大学博士学位论文，2006年。

[5] 聂国林：《红色资源思想政治教育价值有效实现研究》，南昌大学博士学位论文，2013年。

[6] 辛璐璐：《国家治理现代化进程中的政府责任问题研究》，吉

林大学博士学位论文，2017 年。

［7］马超：《国家治理现代化视域下思想政治教育功能转换研究》，吉林大学博士学位论文，2017 年。

［8］薛川霞：《国家治理现代化视域下的思想政治教育创新研究》，济南大学硕士学位论文，2019 年。

［9］路燕：《思想政治教育社会价值研究》，辽宁工业大学硕士学位论文，2014 年。

［10］何景毅：《新时期国外思想政治教育对我国中学思想政治教育的启示》，河南大学硕士学位论文，2014 年。

［11］邓倩：《国家治理现代化视域下思想政治教育治理研究》，兰州交通大学硕士学位论文，2015 年。

［12］张波：《国家治理现代化视域下社会主义核心价值观培育研究》，西华师范大学硕士学位论文，2016 年。

后记

行文至此，我在细细回想近几年来围绕提高思政课程上课效果开展的科研和教学实践工作。

政治认同是思政课程的主要功能，认同只有经过学生思考、对比后建立在理性认知基础上才能更有效、牢靠，这方面的思考反映在我发表于《中国教育报》（理论版）的文章《新时代坚定青年学生政治信仰的新探索》上；刘明远的专著《现代思想政治教育转型探索》论述的核心是，思政课程教学效果提升是一个系统工程，要进行系统改进；转型的关键点体现在笔者发表的文章《多元思维融入高校思政课堂教学的路径研究》中；拙著《国家治理视域下中国特色社会主义理论体系研究》用国家治理理论对课程做好梳理，让思政课堂有更高站位，课程政治性与学理性相统一，有更坚实的理论基础。如何把课程内容更好地呈现在课堂上，让学生主动参与进来，我认为最好的方式是对分课堂，这在我与李娜合作的文章《对分课堂教学模式下的高校教师：挑战与应对》中有集中的体现，我在教务处工作的时候也大力推广这种授课模式。

教学实践中，我坚持对学生进行思维训练，课堂上通过强化知识点的逻辑推导，训练学生思维；课下坚持让学生多读、多写、多说，提升其思维能力，坚持让学生写学习笔记来养成写作习惯。2018年，我组织了一个课外学习小组“三一学院”，要求参加的学生每天读书1小时，写300字，每2周大家见一次面讲各自学习所得。有5个学生一直坚持不懈，我相信这5个学生将来一定能够有所作为。对于我上课的班级，我要求学生每天写作300字的学习笔记，开始的时候我让学生自由选题，自由写作，但是效果不佳；后来，我每天给他们出一个主题，让他们按照我拟定的主题自由写作300字学习笔记。一个学期50个主题，每个主题与时事相连，与课程相近，对我这个出题人也是非常大的考验。坚持下来后，学生们普遍感觉有收获。

我把这一思路也贯彻到国际交流学院的第二课堂中，提倡“高效学习、高贵生活”，要求学生背一个书包提前半小时到课堂进行课前演讲，让学生对自己的演讲进行录像，回去后感知自己在公众面前讲话的形象；坚持让学生轮流写作班级日志；用日拱一卒的方式训练学生的思维。耕耘就会有结果，2020年国际交流学院有一个学生获得了泉城奖学金和国家奖学金，这是历史性的突破，让专科学生看到了更多希望。

可能我的成果不丰厚，但是回溯自己的教学经历，看到的是学生的成长，内心感觉非常欣慰。故好好总结自己在思政教学中的经验与教训，与更多同行分享，让我们努力培养出更多合格接班人和建设者。

囿于个人学识的广度和深度，本书在诸多方面仍有不足，诚望得到广大读者的谅解与斧正。

徐　健

2022年8月